住むこと 生きること 追い出すこと

9人に聞く 借上復興住宅

Ichikawa Hanae 市川英恵 ●著
兵庫県震災復興研究センター ●編

住むこと 生きること 追い出すこと──9人に聞く借上復興住宅

contents

prologue　　5

その1　借上復興住宅入居者の生活実態　Nさんのお話から …… 12

この部屋だから、やっと生きていける
この部屋にいたくて、毎日必死で生きている　13
この部屋こそが、私の生きがい　15
出ていけなんて言われても……生きてたらあかんの？　16
「住み続ける」権利を考える　17

その2　神戸市はどんな主張をしているの？ …… 18

神戸市「追い出し」政策の理由とは？　19
被災者追い出しは「復興災害」の最たるもの　22

その3　被災者の健康を考える …… 26

1　居住福祉 …… 26

高齢者・被災者にとっての住宅　27
居住福祉〜住まいは人権、福祉の基礎〜　29
意に反する転居による健康リスク増加　30
「住み続ける」ことの重要性　31
国や自治体は「目的」を見失わないで　33

2　医療 …… 36

コミュニティと医療　37
地域が支える健康　40
転居が高める認知症リスク　41

3　健康相談･･44

心と身体、コミュニティはつながっている　45

健康に重要なQOL　47

３つの側面からチェックするフレイル　48

実態が反映されない要介護度　51

医療機関の変更は死活問題　53

その4　被災者・避難者の権利を考える･･･････････54

1　行政の使命･･54

継続入居を決めるのは当たり前　55

国が一律、住宅支援を　56

何より大切なのは、いのち　58

2　健康権･･･60

「健康権」って何？　61

健康権の範囲──借上復興住宅問題にも関係あるの？　64

自己決定と平等が大事　66

国や自治体の責任、禁止事項！　68

3　避難の権利･･72

保障しなければならない「避難の権利」　73

一人ひとりのニーズに合わせた支援を　74

「米沢追い出し訴訟」の論点　78

COLUMN　「明渡し」を求めることはできる？　80

借上復興住宅「追い出し」判決の問題点　82

epilogue　86

prologue

　借上復興住宅入居者を追い出すための訴訟が初めて起こされたのは、まだ大学生だった私が卒業論文を完成させた数日後でした。借上復興住宅問題をもっと多くの人に知ってもらわなければという思いで、約1年後の2017年3月に出版したのが『22歳が見た、聞いた、考えた「被災者のニーズ」と「居住の権利」』です。まさか自分が本を書くなんて想像もしていませんでしたが、たくさんの人が本を手にとってくださり、出版を機に毎月のように借上復興住宅問題についてお話しさせていただく機会をいただきました。友達が借上復興住宅問題の集会に来てくれたり、署名に協力してくれたりもしました。原発避難者の住宅問題に取り組んでいる人も本を読んで、同じ被災者の住宅問題として関心をもってくださいました。

　しかしその後も提訴が続き、敗訴判決が出ています。1冊目の本では触れられていない裁判での主張や法律についても多くの人に知っていただき、いろいろな視点から被災者追い出しが問題であることを一緒に考えていただきたいと、今回の出版に至りました。

　阪神・淡路大震災から24年。当時1歳で姫路にいた私は、7年前に大学進学で神戸に来るまで、阪神・淡路大震災は過去のものだと思っていました。しかし復興という名の開発事業は被災者のニーズに的確に対応したものではなく、被災者の生活再建が中心に据えられていませんでした。その結果、復興過程における行政などの不

適切な対応により借上復興住宅問題をはじめとする「復興災害」が
もたらされ、今も多くの被災者を苦しめています。

　借上復興住宅とは、阪神・淡路大震災により多くの住宅が全半壊
し、復興住宅（公営住宅）の需要が高まったことを受け、被災自治
体が直接建設し所有する住宅に加えて、URなど民間オーナーの所
有する住宅を一棟または戸別に借り上げ、被災者に復興住宅として
提供したものです。土地代、建設費等といった多額の初期投資を必
要とせず、効率的に公営住宅を供給できる点などから画期的と言わ
れ、神戸市が供給した数だけで3,805戸（107団地）にのぼります。

　しかし、神戸市が「第2次市営住宅マネジメント計画」（2010年）
で、財政削減のため市営住宅の管理戸数を減らそうと、20年の借
上期間満了＊までに被災者を追い出す政策に方針転換したことが問
題になっています。原則、復興住宅（公営住宅）には、家賃滞納を
したり高額所得者になったりしなければ、恒久的に入居することが
できます。震災後、自治体が直接建設し所有している復興住宅に当
選した被災者も、継続的に入居しています。一方で借上復興住宅の
入居者は、入居決定時に「借上期間が来たら必ず明け渡さなければ
ならない」と通知がなかったにも関わらず、退去を迫られています。
入居者のほとんどが年金暮らしか生活保護受給者で、被災して自力
再建が困難となった方たちです。しかし、借上期間が満了しても、
転居先を予約せず住み続けているとして、神戸市・西宮市は入居者
を提訴しています。今回は借上復興住宅入居者Nさんにお会いし、
転居が困難であるというお話をうかがったものをまとめました。

　裁判では、学者や医師、神戸市の元職員などから多くの意見書が
提出され、様々な視点から被災者「追い出し」が問題であることが

指摘されています。そのなかから塩崎賢明教授、早川和男教授、廣川恵一医師、武村義人医師、井口克郎准教授、水野吉章准教授の意見書について、ポイントをインタビュー形式でお伝えします。

　入居が決まったときに「借上期間満了までに明け渡さなければならない」という通知があったか、通知は必要か、という点が注目されがちですが、被災者支援は恩恵ではなく権利であること、借上復興入居者には健康な生活を営めるよう住み続ける権利があることが、借上復興住宅問題の根幹なのではないかと思います。このことを裁判官にも世論にも、もっと強く広く訴えていく必要性を感じます。

　また、借上復興住宅入居者の希望者全員継続入居を実現されている中川智子宝塚市長、原発事故による区域外避難者に対する「米沢追い出し訴訟」に関わっておられる井戸謙一弁護士と、国や自治体が果たすべき使命について考えたいと思います。

　能登半島地震後に穴水町、東日本大震災後に石巻市でも、借上復興住宅が供給されています。また、東日本大震災以降、プレハブ仮設住宅に加えみなし仮設住宅がたくさん導入され、特に大きな災害では民間賃貸住宅の活用がますます重視されてきています。災害列島日本において、住宅の問題を我がこととして考え、借上復興住宅問題についても今からでも良き前例となるよう、ともに声をあげていただけると幸いです。

＊ 1995 年の震災時は民法の規定により 20 年以上の賃貸借は不可能だったため、借上期間は 20 年とされました（1999 年に建物の賃貸借についてこの規定の適用は排除されています）。しかしこれは、私たちが賃貸物件に住む際に通常 2 年契約となっているのと同じで、更新可能なものです。

prologue
借上復興住宅に入居する人たちに会って

震災から15年経った2010年秋、借上復興住宅に入居している人たちのもとに、この住宅は明け渡さなければならないというお知らせが届きました。

prologue
借上復興住宅問題って何だ？

自治体が建設した復興住宅に入居した人たちは継続入居できるのに、たまたま入居した先が自治体が借り上げている復興住宅だった人たちは明け渡さなければならない

という、不公平が生まれています。さらに、どの自治体の借上復興住宅かでも対応が分かれていて、借上復興住宅入居者は何重にも不公平を感じています。

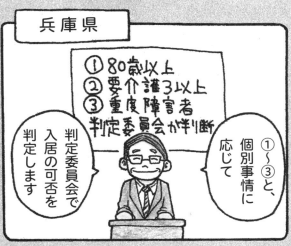

1 借上復興住宅入居者の生活実態 Nさんのお話から

震災後、苦労して自力再建できた人もいます。でも、阪神・淡路大震災では特に高齢者・低所得者層に被災者が多く生まれ、当時の年齢や収入状況によっては、自力再建が困難な人もいました。そこで多くの復興住宅（公営住宅）が必要になり、自治体が建設するだけでなく借上方式も取り入れられたという経緯があります。それから20年以上歳を重ね、転居することや公営住宅並み以上の家賃を払うことは、困難になっています。

十数年間過ごしてきた大好きな部屋を自分の意思じゃなく出て行かなきゃいけないなんて、いったいどんな気持ちなんだろう？

Nさん
神戸市の借上復興住宅入居者。借上期間が2016年10月31日で満了したとして、神戸市から提訴される。2017年10月に神戸地裁、2018年10月に大阪高裁の判決が出ている。窓からは、もしそこに住んでいたら継続入居が認められていたであろう、県の借上復興住宅が見える。趣味は手芸、音楽鑑賞。

神戸で育って80年のＮさん。神戸大空襲で家が焼け、阪神・淡路大震災で被災し、抽選で当たった復興住宅をやっとたどり着いた「終の棲家」だとよろこんでおられました。しかし、入居決定時にそこが将来出て行かなければならない部屋だと説明を受けておらず、震災から十数年も年を重ねてから転居を迫られました。

　Ｎさんは2014年6月まで要介護3でしたが、住み続けたいがために、自分で工夫を凝らして家事を行った結果、症状の変化がないにもかかわらず借上期間満了時には要支援1となって、神戸市の継続入居要件を満たさなくなりました。とても転居ができる状態ではないＮさんは話し合いを望みましたが、神戸市長も1審の裁判官もＮさんの声を全く聞かずに提訴し判決を下しました。Ｎさんは「今の部屋でいつまで生きているかわからないのに、出ていけなんて言わないで」と、おっしゃっています。

この部屋だから、やっと生きていける
この部屋にいたくて、毎日必死で生きている

英恵　Ｎさんは、歩行器を二つお持ちで、部屋の中と部屋の外とで使い分けておられますが、歩行器にどのような違いがあるのですか？

Ｎさん　外出するときは、部屋の中と違って緩やかな坂を歩かないといけないこともあるので、ブレーキ付きの歩行器を使っています。でも、この歩行器は幅が広くて、部屋の中では使えません。玄関で幅の狭い歩行器に持ち替えています。部屋の中を歩行器で歩いていても、物を取ろうとしたらバランスを崩して転倒し、骨

折したことがあります。歳を取れば、若いときには思いもよらないことが次々と起こり、大変だなと思う日々を過ごしています。

英恵　Nさんのお家は、玄関からベッドまで、まっすぐに歩けるように家具が配置されていますね。これは、歩行器で歩きやすくされているのですね。さらに、フローリングで統一されていて、段差がありません。

Nさん　机のまわりにイスをたくさん置いているのは、歩くときの支えにしたり、洗濯干しに使ったりするためです。物を1つ置くにも工夫しながら部屋をつくってきました。何とかこの部屋だから生きていけるのです。1日が終わると、今日も無事に過ごすことができたと感謝しています。

英恵　この住宅は、駅やスーパーが近くて、そこに行くまでもバリアフリーになっていますね。買物は、駅前のスーパーを使われているのですか？

Nさん　そうです。駅前のスーパーは店内もバリアフリーなので、買物ができます。自宅の隣にあるけれど、買物をするのに往復1時間はかかります。バリアフリーのこの部屋やこのまちがあるので何とか生きていけるのです。歩いているときは体重を歩行器に預けるので、どこに段差があり、段差がなくて、どのくらいの力でブレーキを握ればよいかという情報が私にとっては大事。これらは、長い間ここに住んできたなかで身につけたものなのです。この歳で、新しい環境に1から慣れろというのは、とてもできません。

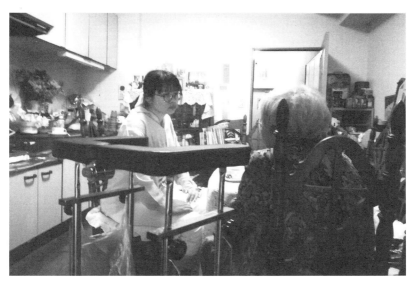

ヘルパーやかかりつけ医に恵まれていると、いつもおっしゃっています。

この部屋こそが、私の生きがい

Nさん　最近、近所のおばあちゃん5、6人があいさつをしてくれます。名前も知らないですが、顔なじみになっており、あいさつしてくれるのがとてもうれしく、このまちに住んでいて良かったと思います。小さなことでも歳を取るとうれしくなるんです。鳥がベランダに来ただけでうれしくなります。

英恵　部屋の周りのご近所付き合いも、部屋の中も、Nさんにとって幸せな空間なんですね。部屋の中には仕事で使われていた立派なミシンが置いてあったり、植木を育てられていたり、お店をされていたときの看板が飾ってあったり、大好きなものがたくさん詰まった部屋なんだということがわかります。

出ていけなんて言われても……
生きてたらあかんの？

英恵　お風呂やトイレもバリアフリーになっているのですか？

Nさん　バリアフリーで、浴室やトイレには手すりがあります。でも以前、湯船につかっていたら、30分くらい立ち上がれなくなってしまったことがありました。それ以降、イスに座ってシャワーを浴びるだけにしています。洗面所には背の高いイスを置き、それを肘の支えとして身体を安定させ、顔を洗ったり洗濯機に衣類を入れたりできるようにしています。寝たきりになって人に迷惑をかけないように、一人で生活できるようにと思っているので、そのためにどうしたらいいのかを考えています。

　無事を祈りながらトイレやお風呂を使っています。老いて生きることの厳しさを感じます。歳を取って初めて気づくことだなと思います。

　裁判の結果で移れと言われても、とても引っ越しできる状態ではありません。自分の身体がついていかない、身体がどうしようもないのです。ここを出て行かないといけないということはいのちに関わることだと、はっきりわかります。

　出て行かなければならないと裁判所が言うのなら、この部屋を出て、私がどのように生きていったらいいのかも教えてほしい。

　私の身体はこの部屋なしには動けないのです。どうしたらいいのか、どういうふうに生きていったらいいのかわからないので、教えてほしい。

　神戸で生まれ、神戸で育ち、神戸に感謝して生きてきました。

市長や知事にも感謝して生きてきました。でも、今の私の状態で、この部屋を出て他のところでどうやって生活したらいいのか、市長に教えてほしいと思っています。

　裁判のことを考えるとつらくなるので、考えないようにしています。真剣に考えたら生きていく道が閉ざされるような気がして怖い。精神状態がおかしくなるので、感じないように笑いながら、楽しいことを探しながら過ごしています。今は、自分のこころがマイナス思考にならないように必死になっています。きれいなものを見たり、テレビを見たりして、何とかいのちを保っていきたいと思っています。

　私は神戸が大好きだし、自慢したくなるくらいです。迷惑をかけているのかなと思いますが、もうちょっと考えていただきたいです。

　この部屋でこそ、私の今の状態でもよろこんで生きていけるので、この部屋には本当に感謝しています。

「住み続ける」権利を考える

　「住み続ける」権利の根底には、憲法第13条（個人の尊重）から導かれる自己決定の保障があり、憲法第22条（居住・移転の自由）に結びついているのではないでしょうか。Nさんが施設に行くのではなく、歩行器を使って毎日必死でこの部屋に住み続けようとする理由の一つが「この部屋こそが私の生きがい」ということだと思います。住まいは、人がその人らしく暮らしていく基盤であり、「住まいは人権」なのです。

2 神戸市はどんな主張をしているの？

借上復興住宅は、自治体が民間住宅を借り上げ、復興住宅（公営住宅）として入居者に又貸ししているものです。民間住宅の家賃と、入居者が払う公営住宅並みの家賃との差額を、国と自治体で負担しています。税金が使われているなら明渡しを求められても仕方ないのでは？　と感じる人も多いかもしれません。でも、復興住宅を供給した目的を忘れていないでしょうか？　災害列島日本において、明日私たちが被災する可能性もあります。自分事として考えてみましょう。

神戸市側の主張

①借上復興住宅の当初の目的と現状の乖離
②財政負担
③他の市民との公平性

この3つを「追い出し」の理由として挙げているみたいだね…

塩崎賢明（しおざき　よしみつ）
神戸大学名誉教授。専門分野は都市計画、住宅問題・住宅政策。

塩崎賢明教授は、借上復興住宅問題のシンポジウムで何度かご一緒させていただいたことがあります。災害復興に関する研究もされており、借上復興住宅問題については問題発覚時から取り組まれています。

神戸市「追い出し」政策の理由とは？

英恵　私が借上復興住宅問題についていろいろな場面でお話をしていると、気づいたときには話している内容は、入居者側の主張が多くなっています。入居者 (市民) のニーズを実現するために市政があるので、もちろん大切なのは入居者の声なのですが、私の話を聞いている人には、神戸市にもいろんな事情があるから仕方ないのではと思われがちです。塩崎教授は神戸市の主張を批判する意見書を書かれているとのことで、神戸市側の主張についても教えていただきたいと思います。

塩崎　神戸市は、借上復興住宅からの「追い出し」の理由として 3 点をあげています。

---

①借上復興住宅の当初の目的と現状の乖離
②財政負担
③他の市民との公平性

塩崎　①について、神戸市は被災者に対して早急かつ大量に住宅を供給する必要があり、借上復興住宅を緊急的に市営住宅として供給したが、入居割合が減少していることから、緊急的措置としての役割は終えた、と説明しています。

英恵　でも、入居者は現在も、今住んでいる住宅を必要としています。緊急的に供給した住宅を順次廃止していくのでは、何のための住宅供給なのか疑われます。神戸市は、住宅を供給した当初の目的を忘れていないでしょうか？

塩崎　震災当初、緊急に供給する必要性があったが、今ではその役割を終えたというのは問題のすりかえです。現時点でさらに供給する必要性はないかもしれませんが、すでに供給された住宅の入居者にとって住まいの必要性がなくなったわけではありません。

英恵　②の財政負担については、市民からも「借上復興住宅の入居者だけ税金を使ってずるい」とよく言われます。しかし、入居者は公営住宅として家賃を払っており、借り上げた民間住宅の家賃と入居者の払った家賃の差額については国の補助が入るので、神戸市の負担は大きなものではありません。また、神戸市が建設し

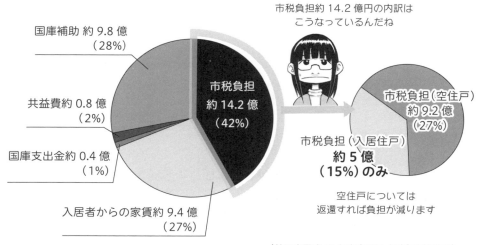

（神戸市平成23年度〈2011年度〉決算資料）

た復興住宅とは違い、土地代や建設費といった初期投資もかかっていません。そもそも、いつ誰がどこで被災するかわからない災害列島日本において、被災した人に手を差し伸べるのも政治の役割で、復興住宅の提供は財政負担になったとしても、しなければならないはずです。

塩崎　入居者は、神戸市の勧めによって借上復興住宅に入居したのであって、神戸市の財政負担は入居者に責任があるものではありません。③の公平性についてもですが、当時神戸市が提示した施策のなかで被災者が選択したのであって、今それが公平でなかったとしても、それは被災者の責任ではありません。

英恵　神戸市は、すでに借上復興住宅から退去した人との公平性を理由に持ち出すことがありますが、借上復興住宅から退去した人のなかには、裁判になるのは嫌だからと、しぶしぶ転居した人も多いです。神戸市が「追い出し」政策をとらなければ、住み続けていた人はたくさんいると思います。

塩崎　神戸市が建設した復興住宅なら継続入居できるのに、たまたま借上復興住宅に入居した人だけが退去を迫られる。このことの方がよっぽど不公平だと思います。神戸市が借上復興住宅入居者に対して希望者全員の継続入居を決めたら、この不公平は解消されるのですが。

英恵　神戸市は「移転に困難が伴う入居者については入居継続を認める道を開いており、退去は過酷なものではない」とも主張していますが……。

塩崎　転居に困難を伴う事情は、神戸市による線引きで判断されるべきではありません。入居者それぞれの生活事情を個別に把握し

なければなりません。

被災者追い出しは「復興災害」の最たるもの

英恵 塩崎教授は「復興災害」の防止を提唱されていますが、根本的に、被災者に対する住まいの保障という観点から見て、どう思われますか？

塩崎 阪神・淡路大震災では、仮設住宅や復興住宅でたくさんの孤独死が出てしまいました。これらは、復興施策という人間の営みがもたらした災いであり、「復興災害」というべきでしょう。この教訓は、東日本大震災の住宅復興においても生かそうと努力がされています。にもかかわらず、阪神・淡路大震災の被災地で再びコミュニティが破壊されようとしており、許されるものではありません。

英恵 高齢化が進み、単身世帯が増えている今、孤独死は仮設住宅や復興住宅に限った問題ではないのではないでしょうか？

塩崎 『高齢社会白書』（平成24年版）による、東京23区内における一人暮らしで65歳以上の人の自宅での死亡者数を、仮に都市部における孤独死数とすると、このようになります。

1万世帯あたりの孤独死数		
東京23区 6.59人	阪神・淡路 大震災の仮設住宅 （約4.8万戸） 11.8人	阪神・淡路 大震災の復興住宅 （約4.2万戸） 12.14人
（2010年2,913人）	（当初4年間の年平均56.8人）	（2010年51人）

英恵　同じ 2010 年で比較すると、阪神・淡路大震災の復興住宅は
　　都市部に比べて約 2 倍の発生率になっています。どうしてこん
　　なに被災地で孤独死が発生しているのでしょうか？
塩崎　神戸みどり病院の院長だった故・額田勲氏は、次のような孤
　　独死の 4 条件を挙げています（額田勲『孤独死―被災地神戸で考
　　える人間の復興』岩波書店、1999 年）。

①低所得　　②慢性疾患　　③社会的孤立　　④劣悪住環境

英恵　被災者がこれらの条件を抱え、仮設住宅や復興住宅という住
　　まいがそれを助長しているのですね。
塩崎　阪神・淡路大震災における仮設住宅や復興住宅は、抽選で入
　　居選考が行われたため、被災者のコミュニティは何度も破壊され
　　てきました。これが孤独死を発生させてきた大きな原因なので
　　す。
英恵　ただ「ハコ」を用意すれば解決するわけでもなく、地域コミュ
　　ニティも含め、それぞれの被災者の「暮らし」が安心して営まれ
　　なければならないのですね。
塩崎　日本国憲法は、これらの国民の権利を認めています。

　前文　全世界の国民が、ひとしく恐怖と欠乏から免れ、平和
のうちに生存する権利
　第13条　個人の尊重、生命、自由及び幸福追求に対する国民
の権利
　第25条　すべての国民の、健康で文化的な最低限度の生活を

営む権利

英恵　国や自治体には、憲法に規定される国民の権利を擁護する義務があります。これらを誠実に守るなら、住宅から追い出すということはあり得ませんね。

塩崎　また、住宅に関する基本法である住生活基本法には、このように書かれています。

第6条　住生活の安定の確保及び向上の促進に関する施策の推進は、住宅が国民の健康で文化的な生活にとって不可欠な基盤であることにかんがみ、低額所得者、被災者、高齢者、子どもを育成する家庭その他住宅の確保に特に配慮を要する者の居住の安定の確保が図られることを旨として、行われなければならない。

英恵　借上復興住宅の入居者は被災者で、多くは高齢者でもあり、住宅確保要配慮者に該当しますよね。これらの法律からしても、居住の安定の確保を図らなければなりませんね。

Intermission

借上復興住宅弁護団が定期的に発行しているニュースをご紹介します。

公正な裁判を求める要請書への署名を集めています。

イラストでやさしく説明

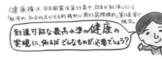

Facebookページにもアップしています。
▶ https://www.facebook.com/kariagehukkoujutaku/

3 被災者の健康を考える
1－居住福祉

入居が決まったときに「借上期間満了時に明け渡さなければならない」という通知があったか、通知は必要か、という点も大切です。しかし借上復興住宅問題では、特に高齢者・被災者にとって住まいとはどのようなものか、公営住宅は何のために供給されているものか、という「居住福祉」の視点も欠かせません。住宅が「健康で文化的な生活」に必要なものであれば、それを国や自治体が保障しなければならないことは憲法や法律にも書かれています。

早川和男（はやかわ　かずお）
神戸大学名誉教授。専門は住居学。「居住は基本的人権」と位置づけ「居住福祉」の概念を提唱。2018年7月 逝去。

私は日本居住福祉学会第18回全国大会（2018年）に参加し、借上復興住宅問題について発表させていただきました。この学会は、早川和男教授が中心となって立ち上げられたものです。早川教授は、主に、都市開発や住宅の有する福祉的側面に着目した研究を行ってこられました。居住福祉学という、特に、住居が人の健康・福祉に寄与している実態について、多くの書籍などを出版されています。「被災者追い出し裁判」でも、居住福祉学に関する意見書を書かれています。

高齢者・被災者にとっての住宅

早川　人の暮らしは、大きく分けて二つの要素によって支えられています。一つは、賃金、社会保障、医療・福祉サービス等です。これらは「フロー」といえますね。もう一つは何でしょうか？

英恵　もう一つは「ストック」ですね。早川教授が研究されている都市や住宅は、ストックに分類されますね。

早川　フローもストックも、生命の維持と生活にとって不可欠の存在です。よく「衣食住」と言いますが、「衣」「食」は消費され続けるフロー、住居や居住環境といった「住」は世代を超えて保存されうるストックと考えられます。良質の住居・居住環境ストックがつくられた場合、子や孫へと相続などで引き継がれ、世代を超えて健康を支えることができます。

英恵　早川教授は「住」の例として住居のほかに居住環境を挙げておられますが、居住環境とはどういったものを指すのですか？

早川　特に英恵さんのように住宅外へ出勤している人にとっては、ふだん住宅は、寝食の場として過ごす時間が多いでしょう。職場

や、趣味などを通したつながりもあり、住宅が代わっても大きな影響はないかもしれません。しかし、高齢者、特に一人暮らしの高齢者は違います。住宅や、居住する地域で過ごす時間が長く、そこで培われたコミュニティという居住環境によって、人々の生活が支えられています。

英恵 コミュニティといえば、災害後はよくコミュニティづくりの支援が行われますよね。

早川 特に1995年1月17日に起きた阪神・淡路大震災は、「住まい」や「コミュニティ」の意義を明らかにしました。被災者のうち約30万人もの人々が学校の体育館、福祉施設、公共施設等に避難し、長い人で8月頃まで避難所で生活していたと言われています。神戸市の2月の死亡者は、地震前の1994年には940人でしたが、地震があった1995年には1580人であり、1995年2月の1か月で640人も死亡者が増えています。地震の次の月にも、揺れが直接の原因ではない多数の死があったことを示していると思います。その後も、仮設住宅で生活する被災者253人が亡くなっています。仮設住宅では、住み慣れたまちから山の中へ追いやられて、孤独死したり自殺したりという例が多かったのです。

英恵 なぜこんなことになったのですか？

早川 被災自治体の住宅復興計画が、被災者の声が反映されたものでなく、被災者の救済に役立たなかったのです。復興住宅ができてもそれまでのコミュニティが存在しない山の中であったり、仮設住宅でコミュニティが形成されても再びバラバラに復興住宅へ移住させられたりしたのです。

英恵 最初にどこへ避難するか、どこで復興に向けた生活を開始す

るかは、とても重要なんですね。なかでも復興住宅は一時的な住居ではなく、長期にわたる居住を前提とする恒久住宅として提供される点で、影響は大きいですね。

早川　そして、復興住宅に住み慣れ、コミュニティが形成され、それに支えられて暮らす入居者が、転居を迫られても難しいことは容易に想像できますよね。

居住福祉〜住まいは人権、福祉の基礎〜

英恵　早川教授が訴えてこられた居住福祉という概念は、住居だけでなく居住環境も含めて人の生存の基盤、人権であり、とても重要であるという考え方なんですね。特に、大きく居住環境が変わりうる被災者や、住居や住居周辺で過ごす時間の長い高齢者にとっては、影響も大きいということなんですね。

早川　住居周辺にはどんなものがあるでしょうか？

英恵　店、診療所、行政機関、銀行、公園、交通機関とか……。そして、目に見えないけれど、コミュニティ。

早川　自分のことを気遣ってくれる隣人、顔見知りの店が、高齢者の相談相手や見守りになっていることもあります。長年通った診療所には、自分の身体のことを誰よりも理解している医者がいます。高齢者には、困ったときや体調不良のときに相談できる相手が歩いて行ける範囲にいることが、暮らしの支えになっています。見慣れた風景が生活の安心感になっています。

英恵　住まいは福祉の基礎なんですね。世界的にこのような考え方は認められているんですか？

早川 「ノーマライゼーション」という言葉は聞いたことがありますよね？　これは「普通のまちで普通に住む」という趣旨で、高齢者の望ましい居住形態として世界の潮流になっています。住み慣れた地域とコミュニティのなかで人生を継続することが心身の状態を安定させ、生きる意欲をもたせ、暮らしを支えるという認識が重視されているのです。

意に反する転居による健康リスク増加

英恵　住居や居住環境は福祉の基礎であり、安全性や構造だけでなく、住み続けることやコミュニティの維持も重要なんですね。言い換えると、転居が心身に与える影響は大きい。特に居住期間が長い高齢者は地域に支えられて暮らしているので、転居はいのちに関わるのですね。震災後に多くの人々が亡くなった原因の一つなのでしょうね。

早川　被災者は、家や家族を失い、大きなショックを受けました。そういうときに必要なのは、これまで一緒に暮らし、支え合ってきた隣人です。ところが、仮設住宅への入居は抽選で、もともと住んでいた場所や人間関係は考慮されず、高齢者優先でバラバラに入居させられた。それが高齢者にとって暮らしにくい環境となってしまった。

英恵　家が壊れてしまった被災者で、自力再建のできなかった人々は、避難所、仮設住宅、復興住宅と、転居を繰り返してきたんですよね。そのたびにコミュニティが分断され、多くのいのちが失われた。復興住宅に入居が決まったときには、やっと恒久住宅に

たどり着いた、ここが終の棲家だと、ほっとしたでしょうね。そして、ふれあい喫茶などのコミュニティづくりも行われ、安心して暮らせる居住環境が培われてきた。

　それなのに、借上復興住宅問題が起きている。入居してから20年近く経っていて、もちろん被災してから最も継続された居住環境から切り離されることになります。

早川　震災後も続く孤独死・自殺といった「災害関連死」と称される犠牲は、住み慣れた地域からの移住に伴う場合が多いのです。「絶望は死に至る病である」とキルケゴールという哲学者が言いましたが、人は希望がなければ生きられないのです。しかし、転居を求められ居住環境から切り離されると、希望を失うのです。借上復興住宅からの転居を求められている入居者も、希望が見えないかもしれません。暮らしの根拠地としての住居が定まらない不安は、計り知れません。

英恵　借上復興住宅の入居者が転居を求められても拒む理由がわかったような気がします。自分の住み慣れた住宅や居住環境は何ものにも代えられないものであり、支え合って暮らしてきたコミュニティから切り離されるといのちに関わることを感じておられるのかもしれません。実際に、しぶしぶ転居した人のなかには、転居後すぐに亡くなった方もいらっしゃいます。

「住み続ける」ことの重要性

英恵　しかし、亡くなった原因について、転居が原因とは断定できないという現実があります。高齢だったり、病気があったり

……。

早川　でも、健康リスクを可能な限り予防するには、意に反する転居は避けるべきでしょう。意に反する転居だけでなく、もちろん劣悪な居住環境も健康悪化につながります。超高齢社会を迎えるこれからの時代は、病気になってから治療するのではなく、良質の居住環境ストックによって予防することも追求すべきでしょう。

英恵　良質な居住環境に「住み続ける」ことが福祉の基礎なんですね。どうしたら「住み続ける」が可能になるのでしょうか？

早川　基本的には、経済的条件のほかに、「住み続ける」を支えるコミュニティの安定が重要です。医療・福祉サービスといった「フロー」もなければ、いくら丈夫な住宅であっても住み続けることはできません。親しい隣人や店の存在もあってこそ、高齢になってもいきいきと生活できるのです。

　　　ロバート・バトラー博士は、『老後はなぜ悲劇なのか？─アメリカの老人たちの生活』（メヂカルフレンド社、1991年）において、「老人を住み慣れた環境から追い立てることは、身体の危険を伴う。とくに突然の引越は、老人の場合に病気と死亡の起爆剤になりかねない。全く新しい環境に慣れるのはストレスを伴い、それが疲労や気持ちの落ち込む原因になることもある」「老人はこのような潜在的な困難や問題を直感的に感じ、自分の住み慣れた家にできるだけ住んでいたいという希望として現れることが良くある」と指摘しています。特に高齢者は、視力・聴力などと同様に、新たな環境に適応する能力も衰えています。意に反する転居は、世界的にも敬遠されているのです。

国や自治体は「目的」を見失わないで

英恵 転居しなければならないことを事前に知っていたらこの住宅には住まなかったと、どの借上復興住宅入居者も言われています。被災者のために住宅を提供したはずなのに、被災者を苦しめているなんて……。当初の「目的」を見失っているように思います。

早川 定期借家権という制度があります。契約期間が到来すれば正当な理由がなくても家主が契約の更新を拒否できるとされますが、入居契約時にその旨を書面で説明しなければならないと定められています。そもそも定期借家権を選択する貸借人は、自ら住宅を確保でき、住居に関して複数の選択肢をもっているのですが、借上復興住宅の入居者は、被災者であり住宅困窮者であって、公営住宅以外に入居することが困難でした。このような入居者に対し、事前に説明ができていないにもかかわらず退去を迫るのは、世界的にも恥ずべきことです。

英恵 「持ち家政策」という言葉を聞いたことがあるのですが、日本人は、住居は個人の財産という意識が強いのでしょうか？

早川 住居は自己責任、自らの甲斐性で得るものと考える傾向が強いですね。先ほど「目的」という言葉が出ましたが、公営住宅法第1条には「国及び地方公共団体が協力して、健康で文化的な生活を営むに足りる住宅を整備し、これを住宅に困窮する低額所得者に対して低廉な家賃で賃貸し、又は転貸することにより、国民生活の安定と社会福祉の増進に寄与することを目的とする」と規

定されています。それにもかかわらず追い出し政策がとられている。追い出しは「国民生活の安定と社会福祉の増進」とは真逆ですね。

英恵 「健康で文化的な生活」は、日本国憲法第 25 条、生存権の言葉ですね。つまり「健康で文化的な生活」のためには、住居が必要であることが規定されているんですね。国際法でも、住居の保障が基本的人権であることには触れられているんですか？

早川 国際人権規約第 1 規約「経済的、社会的及び文化的権利に関する国際規約」第 11 条は「適切な居住の権利」を定め、第 11 条をより具体化して内容を規定した「一般的意見第 4・第 8 項」には、現在ある居住に対する侵害を防止することが居住福祉の最低条件であることが書かれています。

英恵 自治体が居住に対して侵害しているなんて、とんでもないことだと思います。

早川 さらに 1993 年の国際人権委員会の「強制立ち退きに関する決議」には、次のように書かれています。

　強制立ち退きなる行為は、人や家族や集団を無理矢理に家庭やコミュニティから連れ去ることによってホームレス状態を悪化させ、居住と生活条件を劣悪にするものであることを認識し、また強制立ち退きとホームレス問題は社会的な対立と不平等を先鋭化し、常に社会の中で最も貧しくまた社会的・環境的・政治的に最も不遇で弱い立場にある人々に対して影響するものであることを懸念し、強制立ち退きを防ぐ究極の法的責任は政府にあることを強調する

英恵　日本政府は、自治体が継続入居を認めた住戸には、引き続き補助を続けるとしていますが、それにもかかわらず「追い出し」を続けている自治体もあります。日本政府はもっと、自治体に対して継続入居を実現させる努力をすべきだと思うのですが……。もしかして日本はこの決議には賛成していないのですか？

早川　いいえ、日本を含む53か国の満場一致で採択されています。

英恵　政治があるのは、仕事を失ってしまっても、被災してしまっても、一人ひとりが幸せに生きていける社会にするためではないでしょうか。災害、病気、心身の障害などで住む場所をもつことができない人々に安定した居住を保障することこそ国、自治体の役目だと思います。

早川　一人ひとりが幸せに生きていける社会にするため、憲法が定められ、政治があります。生活保護法も公営住宅法も、主に憲法第25条を実現するために制定されました。生活保護法は「健康で文化的な最低限度の生活」を保障するものですが、公営住宅はその土台をなすものと言えます。これらの基盤があってこそ、生きる意欲が出て、その人らしい生活を送ることができるのです。

英恵　私が借上復興住宅問題のチラシを配っていると、よく「この人たちだけ安い家賃で住めてずるい」と言われます。生活保護もバッシングされていますね。何のために政治があるのか、困っている人たちのために政治が必要なのではないか。もっとたくさんの人と考えていかないといけないと思います。

3 被災者の健康を考える
2－医療

私は今は医療機関には、けがをしたり、熱が出たときなどにしか行きませんが、特に高齢者には、内科、耳鼻科、整形外科などに定期的に通院されている人も多いです。それらは徒歩圏内など近くにあり、調子が悪くなればすぐに行けることが生活の安心になっていることもあります。また、10年以上もお世話になっているお医者さんだからこそ体調の変化に気付いてもらいやすかったり、何でも話せる関係になっていたりします。現役世代にとっては職場などのコミュニティがありますが、高齢者にとっては住宅とその周辺の人間関係が、生活の支えとなっているのです。

ベンジャミン・フランクリン
（アメリカの政治家）

3回引っ越しすれば火事に遭ったようなもの。

廣川惠一（ひろかわ　けいいち）
広川内科クリニック（西宮市）院長。兵庫県保険医協会顧問。

廣川惠一医師は 3.11 以降、ご自身のクリニックで被災地物産展を
継続して開催されており、私もおうかがいしたことがあります。阪
神・淡路大震災を経験された立場から、東日本大震災や熊本地震の被
災地への訪問も続けておられます。

コミュニティと医療

英恵　阪神・淡路大震災では、どのような経験をされたのですか？

廣川　住民自身が地域復興の担い手となって、外部からの支援の受
　　け入れも支えました。長い時間をかけて形成されていたコミュニ
　　ティが、災害時にも役立ちました。

英恵　阪神・淡路大震災では地域住民が、壊れた家の下敷きになっ
　　た人を多く救ったんだそうですね。このことからも、阪神・淡路
　　大震災の教訓としてコミュニティの大切さが言われていますね。
　　しかし現在、借上復興住宅入居者のコミュニティが損なわれよう
　　としている現実があります。

廣川　震災から 20 年以上経ってようやく再建されてきた地域コ
　　ミュニティを、人の手によって再び損なうことがあれば、震災の
　　経験から何を学んできたのか根底から問われることになります。

英恵　震災後、必死で生活再建されてきた方たちですが、それから
　　24 年も歳を重ねておられます。高齢になると、新たな職に就く
　　のが難しくなるのと同様、望まぬ転居は負担も失うものも多く、
　　リスクを伴うと聞きました。

廣川　高齢者にとって生活の場は、健康を守る場です。これは、高
　　齢者に意に沿わぬ転居を強制してよいのかという倫理の問題、そ

れによって健康被害が生じる可能性があるという医療の問題、自分らしく健康な生活を送る権利、つまり基本的人権が損なわれるという法的な問題など、あらゆる点から問題です。

英恵 廣川先生はなかでも医療の視点を中心に意見書を書かれていますが、コミュニティと医療にはどのような関係があると考えておられるのですか？

廣川 2015年10月に借上復興住宅入居者15人にアンケートに答えていただいたところ、かかりつけ医と離れる可能性があることに不安を感じている方もいらっしゃいました。こちらをご覧ください。

アンケート結果

男性3人		女性12人	
90歳代 2人	80歳代 1人	70歳代 8人	60歳代 4人

＊平均年齢76歳

健康と思う方7人、思わない方7人、不明1人	
通院されている方・何らかの服薬をしている方	15人
高血圧症の方	12人（8割）
糖尿病の方	5人（3割）
何らかの原因で入院されたことがある方 （心房細動、うっ血性心不全、心筋梗塞、バージャー病、胃潰瘍、骨折など）	11人（7割）
物忘れの自覚がある方	7人
腰痛の方	9人
膝痛の方	6人

英恵 全員が通院・服薬されていて、転居によってかかりつけ医と離れる可能性があるんですね。高血圧症は8割、糖尿病は3割と慢性疾患の割合も高く、自分の身体のことをよく理解しているかかりつけ医の存在は重要だと思います。

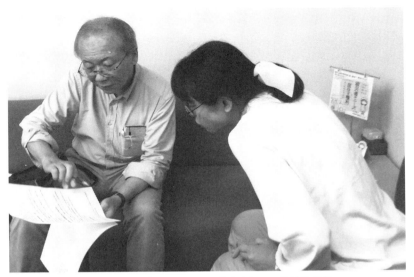

医師の交流会でも借上復興住宅問題について発表されているそうです。

廣川　入院を経験された方は7割もいらっしゃいますね。原因として骨折もあがっています。腰痛、膝痛などの方が慣れない環境に転居すると、日常生活の負担も大きくなり、転倒などでの骨折の危険性も高まり心配なところです。「転居する上での不安の内容」について、このように書かれた方もいらっしゃいました。

・病院の先生とのつながりがなくなるか不安
・長く付き合っている先生とのつながりが続けられるだろうか
・高齢者の健康は決してよいものではない
・歩くことが苦しいと感じるようになった

様々な不安がありますね

英恵　いつ体調が悪くなるかわからない高齢の方にとって、長くお世話になっているかかりつけ医と離れることは、本当に不安なこ

とだと思います。

廣川　外出が少ない方にとっては、通院が外出の機会という方もいます。そういう方にとっては、かかりつけの医師や医療スタッフから離れることは、不安でとてもつらいものがあります。

地域が支える健康

廣川　さらに、転倒への不安や、診断の理解のために、付き添いを得て受診している方もいらっしゃいます。服薬したかわからなくなる方には、服薬に支えが必要です。通院や服薬は、医者以外のサポートも必要な方もいらっしゃって、そういったサポートから切り離されるのも深刻です。

・自分一人で生きていけるか心配
・生活環境に慣れるか不安
・友達のことが気になる、友達と別れることがつらい
・友達とお話ができなくなることが心配で不安
・人のつながりがなくなることが不安
・人とのコミュニケーションが心配
・近隣との新たなつきあいが心配
・他人とのつきあいが心配
・おつきあいできるかどうかが不安
・新しい所で人づきあいできるか不安
・経済面が心配
・転居が続き本当に疲れた
・認知症になるかと心配
・死ぬことを考える

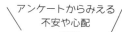
アンケートからみえる不安や心配

廣川　アンケートにご協力いただくときも、みなさんお互いの健康
　　　状態をご存じで、声をかけあって記入されていました。普段から
　　　体調を気遣い合いながら生活されていることを感じました。これ
　　　が、病気の早期発見につながることは少なくありません。高齢者
　　　の病気の特徴として、初めは症状に乏しく、急に悪化して生命の
　　　危険性が高まるということが挙げられます。コミュニティから切
　　　り離されると、孤独死のリスクが高まります。

転居が高める認知症リスク

英恵　認知症への不安を書かれている方もいらっしゃいますが、転
　　　居とどのような関係があるのでしょうか？
廣川　行動範囲は狭く行動量も少ない高齢者は、転居などによって生
　　　活基盤が変化すると、新しい人間関係の構築に時間がかかります。
英恵　人間関係が構築されないと、余計に行動範囲は狭く行動量は
　　　少なくなりそうですね。
廣川　そして、行動範囲が狭くなると、運動不足・筋力低下・反射
　　　神経の低下を招き、転倒リスクも高まります。こちらをご覧くだ
　　　さい。

広川内科クリニックの慢性疾患患者で
2015年12月〜2016年10月に骨折で入院　17人（68歳〜93歳）

自宅で骨折 11人	施設内で骨折 3人	その他 3人

＊14人（8割）が建物内での骨折

英恵　合わせて 8 割の方が建物内で骨折されているんですね。高齢者は室内で過ごす時間が長いですが、慣れない住宅に転居すると転倒リスクは高まりますね。

廣川　骨折に至らない打撲の方は、もっとおられます。高齢者の場合は骨折も打撲も治癒に時間がかかります。その間に行動範囲がさらに狭くなり、身体機能が低下するという悪循環をきたします。

英恵　行動範囲が狭くなることが、認知症につながるのですか？

廣川　心と身体はつながっています。特に高齢者は視力・聴力も低下しており、行動範囲が狭くなると、うつ状態、記憶力・判断力・実行機能の低下などを引き起こし、認知症のリスクを高めます。

　　　「3回引っ越しすれば火事に遭ったようなもの」（ベンジャミン・フランクリン）という言葉があります。「転居が続き本当に疲れた」「死ぬことを考える」とアンケートに記入された方もいらっしゃいますが、継続入居ができれば、いのち・暮らしが損なわれずにすみます。地震や、その後の復興過程で多くのいのちが失われてしまいましたが、尊いいのち、かけがえのない暮らしを人の手によって損なうことを許してはいけません。

廣川医師は裁判所に次のような意見書を出されています。

参考資料

高齢者の転居には、以下について十分に考慮されることが必要です。これらは高齢者の健康上の特徴としてよく知られているものであり、決して特殊なものではありません。

①機能低下
- 身体機能の低下（視力低下・聴力障害・転倒など）
- 適応能力の低下（環境や状況の変化によるうつ症状・認知症など）
- 代謝・内分泌・免疫機能の低下

②複合してみられる疾患
- 複数の慢性疾患（高血圧・糖尿病・消火器・呼吸器疾患など）
- 臓器障害・臓器不全（脳梗塞・心筋梗塞・心不全・腎不全・呼吸不全など）
- 癌などの併発の増加（大腸癌・肺癌・胃癌・肝癌・血液疾患など）

③高齢者の健康上の特徴
- 薬剤の副作用が出やすい一方で、多剤服用となる場合がある
- 複数の医療機関での治療が必要となる場合がある
- 症状がはっきりせず、急に悪化する場合がある（心筋梗塞・胆石・肺炎など）
- 自らのみでの意思決定・受診が困難で支えが必要となる

3 被災者の健康を考える
3－健康相談

神戸市は3つの基準を設けて、これに当てはまる世帯については継続入居を認めるとしていますが、この基準は適切だと言えるでしょうか？ そもそも希望者全員の継続入居を実現するのが当然ですが、この基準では難病を抱えている人でも継続入居を認められず、神戸市から提訴されているケースもあります。また、症状が良くなったわけではないのに要介護度が変化して、借上期間満了時に継続入居要件を満たさなくなり、提訴されている人もいます。
入居者の健康について、最近よく聞く「フレイル」という視点からも考えましょう。

武村義人（たけむら よしと）
1978年神戸大学医学部卒。神戸健康共和会生田診療所所長。兵庫県保険医協会副理事長。

武村義人医師は、神戸市内の診療所で借上復興住宅入居者の診療にあたってこられました。兵庫県保険医協会の副理事長をされていて、協会として2016年1月16日から31日にかけて、借上復興住宅入居者37人の健康相談をされています。

心と身体、コミュニティはつながっている

英恵　健康相談では、どのようなことがわかりましたか？

武村　結果では、「自分を健康と思わない」と考える入居者が7割近くを占め、「通院する者」「薬を服薬している者」はいずれも9割に上り、「高血圧を有する者」は6割で、医療を必要とする入居者からの相談が多数でした。

英恵　神戸市は、継続入居要件として次のような基準を設けています。

＼3つあります／

| ●85歳以上　　●要介護3以上　　●重度障害者 |

英恵　神戸市の都合で決めた85歳以上という線引きはあまりにも高く、84歳以下の借上復興住宅入居者はとても多いと思うのですが……。後期高齢者の基準は75歳ですよね。75歳以上か74歳以下では、健康状態に差があるのですか？

武村　少なくとも、継続入居を希望し、健康相談に来られた方については、75歳以上と74歳以下で分析してみたところ、通院、服薬、高血圧の比率はほぼ同じで、年齢による受診状況に差異は確認できませんでした。

英恵 健康相談に来られた74歳以下の方は、75歳以上の方と同じくらい通院されていたのですね。

武村 9割以上の入居者が通院・投薬治療中だったのです。借上復興住宅で継続入居を希望する入居者が、健康リスクを抱えながら生活していることが明らかになりました。

英恵 高齢になると、何らかの疾患をもっている人がほとんどですよね。

武村 加齢に伴う疾患は、大きく分けると運動機能と精神活動機能に現れます。

●運動機能の低下
骨、関節、筋肉に由来するもの
　筋肉量の低下、筋肉の萎縮による筋力の低下、関節可動域の低下、骨の脆弱性による変形、疼痛
脳・中枢神経に由来するもの
　脳血管障害による筋力の低下、麻痺
　精緻な行為・行動能力の低下、平衡感覚の低下、
　食物を飲み込む嚥下能力の低下　など

●精神活動機能の低下
物忘れ・認知機能の低下
抑うつ気分、うつ病

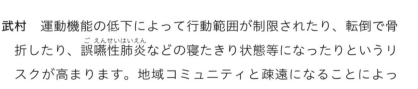

武村 運動機能の低下によって行動範囲が制限されたり、転倒で骨折したり、誤嚥性肺炎などの寝たきり状態等になったりというリスクが高まります。地域コミュニティと疎遠になることによって、抑うつ気分、うつ病につながることもあります。

英恵　心と身体、コミュニティはつながっているんですね。

武村　逆に、精神活動が低下することによって運動機能が低下することもあります。ただ食事をして、寝起きするだけの生活は、高齢者の心身の様々な機能を急速に低下させます。

健康に重要なQOL

英恵　健康に関してお話ししていただいているのですが、そもそも「健康」とはどのような状態をいうのでしょうか？

武村　平均寿命が短い時代には、「病気でないこと」「死に至らないこと」が健康観の基本でした。しかし、平均寿命が大幅に長くなった現在、健康の概念は単に病気が予防され、寿命が長いということではなく、生きがいや精神的な充実が達成されているかどうかも重要視されています。

英恵　QOL（Quality Of Life）という言葉を聞いたことがあります。QOLの充実が注目されているんですね。

武村　健康指標も、疾病の有無ではなく、健康度自己評価・精神的健康度・生活体力など、QOLに着目した指標が利用されています。例えば「知覚―認知」「手段的自立」「社会的役割」等の能力があるかなど。

英恵　健康度自己評価とは、自分で「自分が健康だと思うか」を評価するのですか？　健康相談の結果に「自分を健康と思わない」と考える入居者が7割近くを占めたというものもありましたが、客観的な信頼性がないのでは……。

武村　そう思われがちですが、実は、死亡の予知因子＊として極め

て重要なのです。自分が不調を感じていると、活動量が少なくなることは想像できますよね。

英恵　先ほどの、心と身体、コミュニティはつながっているということですね。平均寿命とは別に、健康寿命という言葉を聞いたことがあるのですが……。

武村　健康寿命とは、健康であり障害などをもたずに自立した生活を送れる平均余命を示す概念です。2014 年の日本の健康寿命は、男性 70.42 歳、女性 73.62 歳です。

英恵　個人差はありますが、平均的に見て 70 代前半から、何らかの機能低下が生じてくるのですね。

＊予知因子　この先の状態を規定するうえで重要なこと。自分が健康でないと思う状態は、精神的にも、肉体的にも活動性が低下し、ひいてはQOLの低下につながるということです。

3 つの側面からチェックするフレイル

英恵　最近、薬局に「フレイルチェック」と書かれたステッカーが貼られているのを見かけるのですが……。

武村　後期高齢者における要介護の原因の 1 位はフレイル（虚弱）と言われています。年齢を重ねるとともに全身の予備能力、筋肉や心身の活力が低下した状態のことです。フレイルと判定された高齢者は日常生活機能障害や転倒など、健康障害を認めやすく死亡割合も高くなることが知られています。

英恵　これも自分で答えるチェック方法なのですか？

武村　そうです。こちらが基本チェックリストです。身体的・精神

基本チェックリスト

記入日：平成　　　年　　　月　　　日（　　　）

氏名		住　所		生年月日	
希望するサービス内容					

No.	質問項目	回答：いずれかに○ をお付けください	
1	バスや電車で１人で外出していますか	0. はい	1. いいえ
2	日用品の買い物をしていますか	0. はい	1. いいえ
3	預貯金の出し入れをしていますか	0. はい	1. いいえ
4	友人の家を訪ねていますか	0. はい	1. いいえ
5	家族や友人の相談にのっていますか	0. はい	1. いいえ
6	階段を手すりや壁をつたわらずに昇っていますか	0. はい	1. いいえ
7	椅子に座った状態から何もつかまらずに立ち上がっていますか	0. はい	1. いいえ
8	１５分位続けて歩いていますか	0. はい	1. いいえ
9	この１年間に転んだことがありますか	1. はい	0. いいえ
10	転倒に対する不安は大きいですか	1. はい	0. いいえ
11	６ヶ月間で２～３kg 以上の体重減少がありましたか	1. はい	0. いいえ
12	身長　　　cm　　体重　　　kg　（ＢＭＩ＝　　　）(注)		
13	半年前に比べて固いものが食べにくくなりましたか	1. はい	0. いいえ
14	お茶や汁物等でむせることがありますか	1. はい	0. いいえ
15	口の渇きが気になりますか	1. はい	0. いいえ
16	週に１回以上は外出していますか	0. はい	1. いいえ
17	昨年と比べて外出の回数が減っていますか	1. はい	0. いいえ
18	周りの人から「いつも同じ事を聞く」などの物忘れがあると言われますか	1. はい	0. いいえ
19	自分で電話番号を調べて、電話をかけることをしていますか	0. はい	1. いいえ
20	今日が何月何日かわからない時がありますか	1. はい	0. いいえ
21	（ここ２週間）毎日の生活に充実感がない	1. はい	0. いいえ
22	（ここ２週間）これまで楽しんでやれていたことが楽しめなくなった	1. はい	0. いいえ
23	（ここ２週間）以前は楽にできていたことが今はおっくうに感じられる	1. はい	0. いいえ
24	（ここ２週間）自分が役に立つ人間だと思えない	1. はい	0. いいえ
25	（ここ２週間）わけもなく疲れたような感じがする	1. はい	0. いいえ

（注）ＢＭＩ＝体重(kg)÷身長(m)÷身長(m) が 18.5 未満の場合に該当とする

①	様式第一の質問項目No.1～20までの20項目のうち10項目以上に該当
②	様式第一の質問項目No.6～10までの５項目のうち３項目以上に該当
③	様式第一の質問項目No.11～12の２項目のすべてに該当
④	様式第一の質問項目No.13～15までの３項目のうち２項目以上に該当
⑤	様式第一の質問項目No.16 に該当
⑥	様式第一の質問項目No.18～20までの３項目のうちいずれか１項目以上に該当
⑦	様式第一の質問項目No.21～25までの５項目のうち２項目以上に該当

（注）　この表における該当（No.12を除く。）とは、様式第一の回答部分に「1. はい」又は「1. いいえ」
に該当することをいう。

　　　　この表における該当（No.12に限る。）とは、ＢＭＩ＝体重(kg)÷身長(m)÷身長(m) が 18.5 未満
の場合をいう。

（厚生労働省）

心理的・社会的側面についての項目が含まれた優れたツールと言われています。25項目中7項目以上チェックが付いた場合に、6項目以下と比べて、要支援・要介護状態になる可能性が高いと言われています。借上復興住宅弁護団が、提訴されている入居者にチェックしてもらったところ、7項目以上当てはまる方がほとんどだったようです。

英恵 先ほどと同様、身体的フレイルと精神・心理的フレイル、社会的フレイルもつながっているんですか？

武村 その通り。身体的フレイルは、筋肉減少が主な原因です。高齢者は筋肉量が一定以上減少すると、転倒、入院、死亡などのリスクが高まります。

英恵 身体的フレイルが、うつのリスクを高めるのですか？

武村 これも先ほどと同じで、身体的フレイルがうつのリスクを高めるし、うつも身体的フレイルのリスクを高めます。うつも身体的フレイルも疲労感、活力低下、体重減少など共通した症状を示します。精神・心理的フレイルには、認知症や閉じこもりなども含まれます。

英恵 これらが社会的フレイルとつながっていることは、簡単に理解できますね。

武村 そうですね。地域社会や人との関係性が希薄化している生活状態を社会的フレイルと呼んでいます。評価項目として、孤立感、ソーシャルサポート、他者とのつながり、社会的役割などが挙げられています。

英恵 転居によってコミュニティが失われると、行動意欲が低下して、心身に影響を及ぼし、さらに孤立して……。借上復興住宅入

借上復興住宅弁護団主催のシンポジウムで発言する武村医師

　居者のコミュニティが健康に関わることは、明らかですね。
武村　規則正しい生活をし、外出するきっかけをもっていることは、高齢者の健康に非常に重要です。

実態が反映されない要介護度

英恵　でも、神戸市の継続入居要件には、フレイルは考慮されません。85歳以上、要介護3以上、重度障害者という線引きがされています。
武村　希望者全員の継続入居を実現するのが当然ですが、特に要介護度を継続入居要件にするのは問題です。
英恵　体調が良くなったわけではないのに、要介護3から要支援1に変わって継続入居要件を満たさなくなり、神戸市から訴えられ

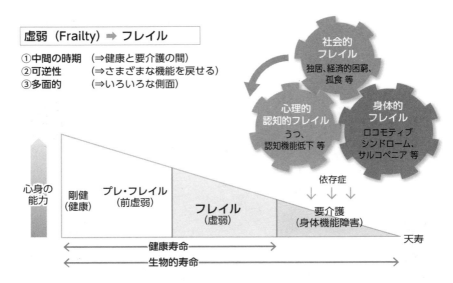

フレイルサイクルの図
（出典：飯島勝矢『健康長寿 鍵は"フレイル（虚弱）"予防』2018、クリエイツかもがわ）

ている借上復興住宅入居者もいます。

武村　平成21年4月の介護保険制度改定時には、厚生労働省が「要支援2」と「要介護1」の割合を、当時の5対5から7対3に近付けていくことを決めました。この方針によって、要介護認定であった利用者の多くが、要支援認定に切り替えられていったこともありました。要介護度はその人の実態を反映させていないことを厚労省自らが明らかにしています。

英恵　どのように判定されるのですか？

武村　調査員が本人の実態を十分に把握しないまま担当し、関係者が実質的に数日間で結論を出さざるを得ないシステムになっているのです。

英恵　要介護度を継続入居要件に取り入れているのは、実態とそぐわない要介護認定がなされていることを無視していますね。

医療機関の変更は死活問題

英恵　神戸市の借上復興住宅入居者への対応が、問題だらけであることがよくわかりました。

武村　転居が高齢者にリスクを与えることはもちろんですが、転居により医療機関、医療スタッフが変わることは、私たちにとっても大きなストレスになります。紹介状や画像、様々なデータでは表せないものが多く、「人となり」を把握し治療につなげていくには大きな労力が必要なのです。

英恵　病気の早期発見も難しくなりそうですね。病気の発見が遅れると、医療費も増えそうです。

武村　希望者の継続入居を実現することを、入居者だけでなく、入居者の周囲も望んでいます。

4 被災者・避難者の権利を考える
1－行政の使命

多くの借上復興住宅のオーナーであるURは、住宅の返還を求めておらず、それぞれの自治体の決断に応じて借上期間の更新に対応するとしています。実際に宝塚市・伊丹市は希望者全員の継続入居を実現しています。
原発事故後、自主避難している人にも、みなし仮設住宅を無償提供している中川智子宝塚市長にお話をうかがいました。

健康で文化的な
最低限度の生活を
営む権利
（日本国憲法第25条・生存権）

中川智子（なかがわ　ともこ）
元衆議院議員。2009年より兵庫県宝塚市長。

宝塚市では中川智子市長が、借上復興住宅入居者全員の継続入居を決めておられます。たまに、借上復興住宅での継続入居は法律の問題で不可能なのではと聞かれますが、中川市長のように決断されたら、全く不可能ではないのです。また中川市長は、原発事故によって宝塚市に避難してきた人々に対しても寄り添ってこられました。

　中川市長がどのような思いで被災者・避難者の問題に向き合ってこられたのかインタビューしてきました。

継続入居を決めるのは当たり前

英恵　どのような思いで、借上復興住宅入居者全員の継続入居を決められたのですか？

中川　継続入居を認めるのは当たり前だと思っていました。アンケートの結果を見ると、継続入居を希望している人が多かった。自分がその立場に置かれていたとしても、同じように継続入居を希望していたと思います。入居者のいのちと暮らしを守る使命が行政にはあるのです。

英恵　継続入居を希望されたみなさんは、どのような生活をされていましたか？

中川　高齢になって、病気を抱えていたり、年金暮らしだったり……。がんばって自立し転居された方もいらっしゃいますが、がんばったけれどここで暮らさざるを得ない方たちが住み続けていらっしゃる。新年を不安な気持ちで迎えるのはつらいと思うので、年内には契約延長方針を伝えたいと感じ、2010 年のクリスマス前に発表しました。

英恵　転居された方もいらっしゃるということは、事前に期限付きの住宅であると知らせていたのですか？

中川　宝塚市の場合は、期限付きであると伝えていました。でも、長年培ってきたコミュニティに支えられて何とか生活できている人もいる。震災で住宅が壊れて、しばらくしてまた住宅を取り上げられるのは、2度目の震災だと思います。

英恵　住まいやコミュニティの大切さは、阪神・淡路大震災を経験されて改めて学ばれたことなのですか？

中川　震災を経験して、暮らすところがあって人は初めて前を向いて歩いていけるということを実感しました。よく「衣食住」と言いますが、「衣」「食」は何とかなることが多い。一番大切なのは「住」です。私は住宅再建の制度をつくる必要性を感じ、被災者生活再建支援法の成立に向けての取り組みにも関わりました。住まいは私有財産であり、税金を使うべきできないという意見も強く、大変でした。住まいは「自己責任」や「甲斐性」という考えの人もいますが、住まいは暮らしの基本です。病気になったり、働けなくなったり、被災したり、年金暮らしになったりすると、支援なしに住まいを確保できないし、施設に入るにもお金がかかる。そういう人たちを放ってしまうのは、「棄民」です。

国が一律、住宅支援を

英恵　原発避難者の住宅問題について、どのように考えておられますか？

中川　いくら「被災地（放射能）は安全になった」と言われても、幼

宝塚市で開催された避難者交流会でお目にかかったことがある中川智子宝塚市長を訪ねて、宝塚市役所へ

　い子を抱えているなどしていて「まだ暮らせない」と思い、避難をする人はいます。避難区域の外側か内側かではなく、その個人の判断を大切にしなければなりません。
　宝塚市は福島県の住宅無償提供の対象になっていない区域外避難者（自主避難者）にも市営住宅をみなし仮設住宅として無償提供しています。学校に慣れ、友達ができている状況で、継続入居を望むのは自然なことです。よく話を聴いて、就職のサポートもしてきました。これが"寄り添う"ということです。

英恵　しかし、避難先の自治体によって、区域外避難者への対応はさまざまです。

中川　国には、国が責任を果たして、一律の住宅支援をすべきだと言いました。どこで被災したか、どこに避難したかによって不公

平に扱われないように、安心して住み続けられる住まいを保障する制度が必要です。

　すべての国民には「健康で文化的な最低限度の生活を営む権利（日本国憲法第 25 条・生存権）」が保障されています。「健康で文化的な最低限度の生活」の意味は一義的ではありません。でも、安定した住居がない状態で「健康で文化的な最低限度の生活」の水準が満たされるとは考えづらいから、生存権の具体的な一内容として安全に健康に快適に安心して住める住居の保障が含まれると思います。

英恵　借上復興住宅への対応も自治体によってばらばらですが、誰も被災したくて被災したわけではなく、避難したくて避難したわけではありません。いつ誰がどこで被災するかわからない災害列島日本において、被災した人に手を差し伸べるのも政治の役割なのですね。

何より大切なのは、いのち

英恵　神戸市長や西宮市長は、自力再建した市民や、借上復興住宅からすでに退去した市民たちとの公平性を理由の一つにあげて、借上復興住宅入居者に対して追い出し政策をとっています。中川市長は公平性について、どのようにお考えですか？

中川　阪神・淡路大震災後の話ですが、仮設住宅では、毎日の楽しみだったテレビがなくなった生活を送っている高齢者、洗濯物を冷たい水で手洗いしている高齢者もいました。そんななか、大手企業が被災自治体に電化製品を寄付していることを知ったので

す。どこで使われているのかを自治体に訪ねたら、地下の駐車場に新品の電化製品が大量にしまわれていました。自治体は「公平が一番大切だから、調査をして、本当に困っている人から届ける」と言うのです。「それまでにどのくらいかかるのか」と聞いたら、半年から1年かかると。このときに、自治体が理由として使う公平性は、憲法が規定している人々のいのちや暮らしを守るという公平性とは違うものになってしまっていると感じました。こんな状況で、何より大切なのは、目の前にいる人を救うことなのに……。私は市長になってから、被災者・避難者の問題について、いのちが何より大切という信念に基づいて決断してきました。

英恵　神戸市長や西宮市長には、被災者がどのような思いでいるのか想像して、信念に基づいて判断してもらいたいと思います。

4 被災者・避難者の権利を考える
2－健康権

借上復興住宅の裁判では、塩崎賢明教授、早川和男教授、廣川惠一医師、武村義人医師など、たくさんの専門家から意見書が提出されています。これらで指摘されている転居のリスクなどから継続入居を求めるとすると、法的にどのように位置づけられるのでしょうか？
井口克郎准教授に意見書で説明された「健康権」について教えていただきます。

井口克郎（いのくち　かつろう）
神戸大学大学院人間発達環境学研究科准教授。研究分野は社会保障、福祉国家、災害被災者の生活問題。

井口克郎准教授は、私が大学時代に所属していたゼミの先生です。私が卒業論文で借上復興住宅問題についてまとめるときにも指導していただきました。卒業後も大変お世話になっていて、借上復興住宅「被災者追い出し裁判」の意見書も書いてくださいました。意見書のテーマは「健康権」。聞き慣れない言葉ですが……。

「健康権」って何？

英恵　「健康権」って、何でしょうか？　よく聞くのは「生存権」ですが……。

井口　日本国憲法第25条は、「生存権」と呼ばれることが多いですが、これは、①人々の「健康」で文化的な生活を営む権利、②国による社会保障などを通じたその実現、向上増進義務を規定しています。

　そして日本は、国際人権規約第1規約「経済的、社会的及び文化的権利に関する国際規約」（以下、「経済的、社会的及び文化的権利規約」）を批准しています。その第12条に「健康権（right to health）」が規定されています。日本が憲法の理念に沿う国際条約を批准した以上、これも誠実に守らなければなりません（憲法第98条2項）。

　憲法第25条　すべて国民は、健康で文化的な最低限度の生活を営む権利を有する。
　2　国は、すべての生活部面について、社会福祉、社会保障及び公衆衛生の向上及び増進に努めなければならない。

「経済的、社会的及び文化的権利規約」 第12条

1 この規約の締約国は、すべての者が到達可能な最高水準の身体及び精神の健康を享受する権利を有することを認める。

2 この規約の締約国が1の権利の完全な実現を達成するためにとる措置には、次のことに必要な措置を含む。

憲法第98条

2項 日本国が締結した条約及び確立された国際法規は、これを誠実に遵守することを必要とする。

英恵 第12条は、すべての人の「到達可能な最高水準の身体及び精神の健康を享受する権利」と、国がそれを完全に実現するため、必要な措置を取らなければならないこと（義務）を規定しています。「人々の権利」と「国の義務」を規定している点では、憲法第25条と同じで、あっさりしています。違いといえば、憲法が「最低限度」となっているのに対して、第12条は「到達可能な最高水準」となっていて、上を目指しているような感じがします。日本は「経済的、社会的及び文化的権利規約」を批准しているから、「最低限度」ではダメで、もっと上を目指さないといけないってことですか？

井口 憲法第25条は「健康で文化的な最低限度の生活」の保障を国に求めています。「最低限度の生活」、すなわち「生存」というギリギリの状態ではなく、最低限度「生活」と呼ぶに値する質的に豊かな人間の営みです。そして、それは、「健康で文化的」で

なければならないというわけです。健康状態が最低限度でいいなんてどこにも書いてありません。

　この「健康」というものを実現するためにはどのようなことを目標としたらいいのか、具体的に規定したものとして位置づけられるのが「経済的、社会的及び文化的権利規約」と言えるでしょう。じゃあ、そこに規定されている「到達可能な最高水準の身体及び精神の健康」ってどうやったら実現できるでしょう？

英恵　健康状態って、身体的なものと精神的なものと、両方からなりますよね？　でも、遺伝が原因なものは避けられないし、年齢とか、性別によっても、かかりやすい病気は違う……。あと、最近話題になっている過労死とか、公害とか、貧困、災害関連死、こういうのも健康に関係ありますよね。財政が厳しいからと介護保険の自己負担が引き上げられて、利用を抑制している人も多いと聞くけど、こういうのも健康に関わると思います。健康であるための要件ってたくさんあるし、それぞれが絡み合っているような……。

井口　そうです。例えば、英恵さんが初めに挙げてくれた、遺伝を原因とするような病気であれば、他の人と同じような健康状態を即座に実現することが難しいということもあるかもしれません。また、健康状態は年齢等によっても人によって達成できる水準には違いがあるでしょう。だから、健康権は、その人その人のもっている健康に関する潜在能力を発揮できるようにすることを重要な目標としています。「到達可能な最高水準の健康の実現のために必要なあらゆる設備、機器、サービス、条件、教育及び情報を享受する権利」と理解されているんです。

後者で挙げてくれた、過労、公害や貧困といった社会的環境によって健康が害される場合、もしくは社会保障制度の不備によって健康悪化が引き起こされるといった場合には、国にはその原因となっている状況を改善することが求められます。

> 健康状態のあり方の要因
> ①生物学的要因（遺伝、性差、年齢等）
> ②その人が置かれている社会的環境（労働、住居、教育等）
> ③社会保障制度へのアクセスの可能性（医療・介護等）。
> 　十分な質と量のケアを受けることができるか。

深い意味があります

英恵　このあっさりした第12条に、こんなに深い意味があるんですね。これらの要因を考慮しなければならないということは、一人ひとりに合わせて個別に対応しなければならないということですね。

井口　実は、第12条をより具体化して内容を規定した国連・経済的、社会的及び文化的権利委員会の「一般的意見第14」というのがあって、今言ったことはそこに詳しく書いてあります。「一般的意見第14」のポイントを説明しましょう。

健康権の範囲——借上復興住宅問題にも関係あるの？

井口　まずは、健康権の範囲について。一つめは、健康が悪化したときなどには、医療・福祉等の社会保障制度が必要です。締結国は制度を構築して、運営して、人々に平等に制度を利用する機会を与え（無差別のアクセス保障）、制度を向上増進させなければ

なりません。二つめは、健康の基盤となる、経済的・社会的事項の領域（労働、住居、教育等）についても、国の対応を要求しています。

　4項　……健康に対する権利は人々が健康的な生活を送ることができる状況を促進する広範囲の経済的、社会的要素を含み、食料、栄養、住居、安全な飲み水及び十分な衛生へのアクセス、安全かつ健康的な労働条件、並びに健康的な環境のような、健康の基礎となる決定要素に及ぶことを認めている。

　9項　……「到達可能な最高水準の健康」の概念は、個人の生物的及び社会・経済的な前提条件と、利用可能な国家の資源の双方を考慮に入れている。……健康に対する権利は、到達可能な最高水準の健康の実現のために必要なさまざまな施設、物資、サービス及び条件の享受に対する権利として理解されなければならない。

　11項　……栄養及び住居の十分な供給、健康的な職業及び環境条件、並びに健康に関連する教育及び情報(性と生殖に関する健康を含む)へのアクセスのような、健康の基礎となる決定要素に対しても及ぶ包括的な権利として解釈する。　加えて、一つの重要な側面は、地域社会、国内及び国際的なレベルでの、健康に関連するすべての意思決定の人々の参加である。

（経済的、社会的及び文化的権利委員会「一般的意見第14」
出典：日本弁護士連合会サイト https://www.nichibenren.or.jp/library/ja/
kokusai/humanrights_library/treaty/data/CESCR_GC_13-14j.pdf　申惠丰訳）

英恵　4項、11項には「住居」という言葉が出てきますね。借上復興住宅の入居者には「この部屋が、健康に欠かせない」とおっしゃ

る方もいますが、国際的に住居と健康の関連性は認められている
んですね。

井口　住居や、それを中心とした生活環境は、人間の生存、生活、
健康の要です。特に高齢者の居住環境が変化すると、要介護化を
もたらしたり、健康状態悪化の引き金になったりすることは、多
くの研究で指摘されています。

自己決定と平等が大事

英恵　自治体から退去を迫られる借上復興住宅の入居者は、それだ
けでストレスを抱え、引っ越し作業で腰を悪くしたり、転居後す
ぐにお亡くなりになったりと、健康を害されています。

井口　健康権では、国などに自らの健康を害されない権利、自らの
健康と身体をコントロールする権利、つまり「自己決定権」が重
視されています。それと権利としてはもう一つ、社会保障サービ
ス等を差別なく平等に受給する権利を保障しなければならないと
しています。

　8項　……健康に対する権利は、自由と権利 (entitlements) の
両方を含んでいる。　自由には、自らの健康と身体を管理する権
利(性と生殖に関する自由(sexual and reproductive freedom)を
含む)、並びに、拷問、同意のない医療及び実験を受けない自由
のような、干渉からの自由を含む。これに対し、権利には、人々
が到達可能な最高水準の健康を享受するために平等な機会を与え
る健康保護の制度に対する権利を含む。

（出典：前掲）

卒業後は年に1回、授業のゲストスピーカーとして呼ばれ、借上復興住宅問題について話をさせていただいています。

英恵　国や自治体が、借上復興住宅入居者の「この部屋に住み続けたい」というニーズを実現することが、「自己決定権」を保障することになりますね。

井口　そうです。それなのに神戸市長さんは入居者の声を聴く姿勢もなく、本当に残念です。

英恵　公営住宅の一種である借上復興住宅は、もちろん社会保障サービスに含まれます。でも、自治体によっては継続入居に要件を設けていて、希望者全員が住み続けられるわけではありません。例えば、神戸市は「85歳以上、要介護3以上、重度障害」のいずれかに当てはまる人しか継続入居を認めていません。これは「社会保障サービス等を差別なく平等に」受給しているとは言えないのではないでしょうか？

井口　ハードルが高すぎる継続入居要件にビックリです。後期高齢者の基準である 75 歳よりも 10 歳も上だなんて……。基準の高さも問題だと思いますが、そもそも要件を設けること自体が差別であり、健康権の規定に違反しています。

　　　健康権に規定されたふたつの権利——「自己決定権」と社会保障サービス等を差別なく平等に受給する権利——を保障するには、希望者全員の継続入居を認める以外にはありえませんね。

国や自治体の責任、禁止事項！

英恵　私がいろいろな場面で借上復興住宅問題についてお話ししていると、「転居によって体調が悪くなることもあるかもしれないけど、高齢者だし、転居が原因とは言い切れないんじゃないの？」と言われることがあります。最初に考えたように、健康状態にはいろんな要因が絡み合っていて、転居が健康悪化の原因と証明するのは難しい気が……。というか、私たちは入居者が転居によって健康を害するのを防ぎたいわけで……。転居によって健康が悪化した後に因果関係を訴えても、失われた生活は戻ってこないのです。

井口　健康権の特徴の一つは、「健康が悪化した」という事後的な結果だけではなく、「健康を害する可能性のある」行為を禁止していることです。実害が出ていなくても、「リスク」があるかで違法性が問われます。

英恵　借上復興住宅の入居者が転居によって「健康を害する可能性のある」ことは確かです。お医者さんも意見書で指摘されています。

> 50項　尊重する義務の違反は、規約の第12条に掲げられた基準に違反する国家の行動、政策又は法であって、身体的な害、不必要な病的状態及び予防可能な死亡数をもたらす可能性のあるものである。例としては、法律上もしくは事実上の差別の結果、特定の個人もしくは集団に対して保健施設、物資及びサービスへのアクセスを拒否すること……
>
> （出典：前掲）

英恵　他には、お金のことを言われます。借上復興住宅入居者が継続入居するには税金がかかるんでしょって。

井口　国や自治体が「健康権」実現のために予算確保などをしなければならないという義務も規定されています。

> 33項　……尊重（respect）する義務、保護（protect）する義務、及び充足（fulfil）する義務である。このうち、充足する義務は、環境整備（facilitate）、供給（provide）及び促進（promote）する義務を含む。……国家に対し、健康に対する権利の完全な実現に向けて適切な立法、行政、予算、司法、促進的及びその他の措置を取ることを要求する。
>
> 61項　裁判官及び、法律専門職の者は、その任務の遂行において健康に対する権利の違反により大きな注意を払うよう、締約国から奨励されるべきである。
>
> （出典：前掲）

英恵　33項には、「司法」という言葉が入っていますね。

井口　これは、裁判所も「健康権」にのっとって裁判をしなければ

ならないということです。こんなことも書かれています。

　30項……締約国は、健康に対する権利に関しては、権利がいかなる種類の差別もなく行使されることの保障（第2条2項）、また、第12条の完全な実現に向けて措置を取る義務（第2条1項）のような即時的義務を負う。

　31項　時間をかけて健康に対する権利を漸進的に実現することは、締約国の義務をまったく意味のない内容にするものと解釈されるべきではない。むしろ、漸進的実現とは、締約国が、第12条の完全な実現に向けて可能な限り迅速かつ効果的に移行する、具体的で継続的な義務を負うことを意味している。

（出典：前掲）

英恵　国や自治体には、今すぐに「健康権」の内容や理念に沿った対応をしてもらいたいと本当に思います。

Intermission

Nさんの地裁判決前後にチラシを配布しました。

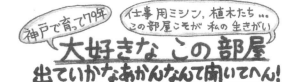

借上復興住宅弁護団から依頼され、著者が作成。

4 被災者・避難者の権利を考える
3－避難の権利

地震や豪雨などの自然災害だけでなく、原発事故といった人災も他人事ではありません。原発事故の避難者のなかには、避難を続けたいにも関わらず、みなし仮設住宅の無償提供が打ち切られ、退去を求めて提訴されている人もいます。自然災害でも人災でも、被災したくてした人はいないのに、生活の基盤である住まいさえ保障されないのが現状です。

井戸謙一（いど　けんいち）
元裁判官（原発差し止め判決を言い渡した裁判長）。滋賀弁護士会弁護士。原発問題、被ばく問題等に取り組んでいる。

2017年9月、福島第一原発事故によって福島市などから山形県米沢市に自主避難している8人に対し、8人が住む雇用促進住宅からの退去を求める「米沢追い出し訴訟」が提起されました。住宅の明渡しと明渡しまでの家賃（1か月3万4900円から3万7300円）を支払うよう求めています。避難者には自然災害だけでなく原発事故という人災の被害も重なっていますが、被災した人を追い出す裁判という点では借上復興住宅「被災者追い出し裁判」と共通しています。弁護団の井戸謙一弁護士に、「米沢追い出し訴訟」について教えていただきます。

保障しなければならない「避難の権利」

英恵　借上復興住宅「被災者追い出し裁判」の塩崎教授の意見書でも指摘されていますが、日本国憲法前文、第13条、第25条では、個人の尊厳を認め、いのち、健康を脅かすものからいのち、健康を守ることを人権として保障しています。被告とされた人たちは被ばくを避けるために避難した人たちであり、被ばくからいのち、健康を守ろうとした人たちですよね。避難しようという選択は、憲法で人権として保障されているといえるのではないでしょうか？

井戸　今まで「被ばくを避ける権利」は憲法上の人権とは認識されてはこなかったと思います。被ばくによって生命や健康を侵害されれば、「人格権」の侵害に当たります。しかし、低線量被ばくによる健康被害は多くは晩発性であり、数十年たってから健康被害が現実化します。現実化してからでは遅すぎるのです。「被ばくを避ける権利」を憲法上の人権として位置づけなくてはなりま

せん。

英恵 提訴をしたのは雇用促進住宅を管理する独立行政法人高齢・障害・求職者雇用支援機構ですが、事故を起こした東電や原発政策を進めてきた国が責任をもつべきではないでしょうか？

井戸 災害救助法上、被災者の救助は国の責任です。また、被災地の都道府県は、国にかわって被災者を救助すべきものと位置づけられています。国や福島県は、住宅供与の必要性がある限り、その供与を続けなければなりません。さらに言えば、福島原発事故は、自然災害ではありません、人災であり、国と東電に責任があります。国は加害者の償いとして、被災者が避難するための住宅を提供すべきであるし、東電にもその責任があるのは当然です。しかるに、福島県は 2017 年 3 月末で区域外避難者（自主避難者）に対する住宅の無償供与支援を打ち切りました。

英恵 借上復興住宅問題では自治体による勝手な線引きによって継続入居できる人とそうでない人に分けられていますが、原発事故においても避難元が線引きされ、強制避難と区域外避難に分けられています。そして区域外避難者は住宅無償提供が打ち切られ、避難を継続したくても難しくなっているんですね。避難したい人は避難できる、避難を継続したい人は避難を継続できる、住み続けたい人は継続入居できる、そんな法制度をつくる必要性を感じます。

一人ひとりのニーズに合わせた支援を

英恵 避難生活を続けている人たちは、どのような思いでいらっ

しゃるのでしょうか？

井戸　国も福島県も、もう安全だから帰還しろという宣伝ばかりをしています。確かに、空間線量は年1mSvを下回る地域が多くなっています。しかし、土壌汚染は、放射線管理区域の基準である1平方メートルあたり4万ベクレルを超える地域が広範に拡がっています。また、最近になって、福島第一原発から放出されたセシウムの多くが、従前考えられていた水溶性ではなく、不溶性粒子の形態で存在していることが明らかになってきました。土壌に含まれるセシウム粒子は、風や自動車の通行で舞い上がり、呼吸によって人の肺に入ります。不溶性粒子の場合、内部被ばくのリスクは水溶性よりもはるかに大きいのです。福島県民健康調査では、本来100万人に1〜2人とされていた小児甲状腺がん患者が200人以上も発見されています。この原因が被ばくではないかと考えるのは合理的です。

　まだ福島に帰れないという避難者の判断には十分な科学的根拠があります。誰もが生まれ育った福島が大好きです。帰れるものなら帰りたいのです。しかし、子育てはやり直しがききません。慎重になるのは当然です。山形市議会は2018年3月に開いた本会議で、「区域内避難者への東電拠出の50億円の家賃賠償の新制度を区域外避難者へも拡充することを求める意見書」の提出を全会一致で可決し、内閣総理大臣や総務大臣、国土交通大臣、復興大臣、福島県知事などへ送っています。

意見書より一部抜粋
「平成30年2月1日現在、山形市には733人、山形県内には

1996人が避難生活を続けている。平成23年3月に内閣総理大臣によって発令された『原子力緊急事態宣言』は解除されておらず、事故の収束の見通しも立っていない」

「空間線量は低くなったとはいえ、土壌汚染、森林汚染の除去までは手が回らず、放射能による健康不安から、帰還を希望する避難者が避難元に安心して帰ることができるまでには、まだ時間がかかる」

「山形県が昨年7、8月に実施した『避難者アンケート調査』の結果では、68.2％が『生活資金』で悩み、次いで『自分や家族の健康』、『住まい』と続き、特に3月いっぱいで住宅支援が打ち切られてから約1年が経過する中で経済的困窮度が高まり、避難生活の長期化に伴って問題が複雑・多様化してきていると明らかにしている」

「国及び福島県においては、避難区域内避難世帯に対して、東京電力が50億円を拠出して実施する新たな家賃支援策について、区域内、区域外を問わず支援するよう強く要望する」

英恵 どの被災地でも同じだと思いますが、応急期から復興期にかけて、被災者のニーズは多様化していくと聞いたことがあります。区域内外で線引きせず、不安を抱えている避難者には家賃を支援すべきというこの意見書に賛同します。

井戸 区域外避難者に対して住宅無償提供は唯一と言える支援でした。最低限のセーフティーネットだったのです。2017年12月には、住宅の無償提供再開を求める意見書を提出するよう米沢市議会にも請願がされていますが、「福島に戻った人のことも考え

るべき」「不公平になってしまう」などの反対理由が出て不採択
でした。

英恵　借上復興住宅問題でも、裁判を起こしている神戸市や西宮市
は「すでに退去した人との公平性が保てなくなる」「自力で再建
した人もいる」と主張しています。でも、この公平性についての
見解によれば、自治体は、誤ったことを行ってもそれを是正する
ことすら、公平の原則に阻まれて、行い得ないことになります。
公平の原則とは、正しいことを実行するためのものであり、適当
ではない政策を、適当ではないことを認識しているにもかかわら
ず、維持するために利用するものではないのではないでしょう
か？

井戸　チェルノブイリ事故では、30年経った今も住宅支援が継続
されています。そもそも日本政府が線引きした基準が高すぎる
し、子ども被災者支援法の理念に基づく支援策が実行されていれ
ば、避難できなかった人たちと避難した人の分断が深まることも
なかったと思います。国は帰還を促進することしか考えていませ
ん。避難した人、しなかった人、どちらに対しても無策が続いて
いるため、どちらも被害者なのに被害者同士でいがみ合うことに
なってしまっているのです。避難しなかった人々に対しても定期
的な保養の機会を保障するべきだと思います。

英恵　借上復興住宅問題でも自治体は追い出しすることしか考えて
いませんが、線引きをするのではなく、希望者は全員継続入居で
きるようにしていれば、神戸市が直接建設した復興住宅との差は
なくなり、借上復興住宅入居者だけ心苦しい思いをすることもな
かったのではないかと思います。

「米沢追い出し訴訟」の論点

英恵　主な論点を教えていただけますか？

井戸　この訴訟で住宅の明渡しを求めているのは民間会社です。雇用促進住宅を独立行政法人が民間会社に売却してしまったのです。本来責任を負うべき国と福島県が陰に隠れ、民と民の争いにされてしまっています。そのなかで、住宅の無償提供を打ち切った国や福島県の責任をどう位置づけるかが問題になっています。そして、今も避難の必要性が続いているか否かが実質的な争点になります。

英恵　一つめの論点に関して、借上復興住宅の裁判では、追い出しは生存権・健康権や人格権を侵害するものであり、住生活基本法などの法律を考慮しても違法であると訴えています。米沢追い出し訴訟も同じように生存権や人格権の侵害であると主張できると思うのですが、「違法」の根拠となる法律は何でしょうか。

井戸　憲法と子ども被災者支援法です。原子力損害賠償紛争審査会が定めた中間指針追補は、区域外避難の合理性を認め、東電や国を被告にした損害賠償請求訴訟の判決でも区域外避難の合理性は認められていますが、いずれも期間が限定されています。いまなお、避難の合理性が続いていると主張するためには、憲法第13条の人格権としての「被ばくを避ける権利」を認めさせ、子ども被災者支援法が理念として掲げた「居住、移動、帰還についての選択を自らの意思によって行うこと」の価値を尊重させる必要があります。

英恵　早期帰還政策は国際的な人権侵害問題になっているそうですね。

井戸　区域外避難者の住宅面・経済面の支援などを継続することなどを求めた 2017 年 11 月の国連人権理事会の勧告を日本政府は受け入れました。受け入れたのであれば、4 年後の審査までに実施しなければなりません。被告らの人権問題は今や国際的な人権問題となっているということを裁判所にも十分に認識していただきたいと思います。

英恵　国連人権理事会の調査団は 2013 年 5 月に「健康権の深刻な侵害が起きている。今すぐ政策転換を」と勧告しているそうです。借上復興住宅の裁判でも健康権についての意見書が出されています。日本において健康権を広く認識させていく運動も大切だと思います。

COLUMN

「明渡し」を求めることはできる？

　関西大学の水野吉章准教授は、借上復興住宅弁護団の依頼で、法律的な視点から意見書を書かれています。意見書のポイントを教えていただきます。

一般的な公営住宅における利害調整

水野　これが一般的な公営住宅における利害調整ですね。

英恵　公営住宅は、原則として入居者の所得が高くならない限り継続入居できると聞きました。

借上復興住宅（借上公営住宅）において予定された利害調整（明渡し）

水野　そしてこれが、借上復興住宅において予定された利害調整（明渡し）です。借上復興住宅も公営住宅ですが、自治体とは別にオーナーがいるので、オーナーが建物の返還を求める場合には、一般的な公営住宅におけるのとは異なる利害調整が求められます。

英恵　しかし現状では、借上復興住宅の大半のオーナーであるURは、住宅の返還を求めていません。

水野　そうですね。

実際に紛争になっている事例

| 建物所有者 返還要求なし | 地方自治体 返還要求 | ↔ | 入居者 継続要求 |

　こちらが紛争になっている事例です。オーナーが住宅の返還を求めていないので、実質的には自治体と入居者の利害調整の問題なのです。

英恵　矢印の関係が、「一般的な公営住宅における利害調整」と一緒ですね。

水野　この場合は、公営住宅法の大原則によって、つまり

公営住宅法第 29 条 1 項
公営住宅は、住宅困窮者に対して住宅の支援を行うものであり、入居者が高額所得者にならない限り継続的に入居できるという原則

によって、公営住宅法では明渡しを求められません。

　そうなると、自治体は、通常の民間住宅に適用される民法（借地借家法）によって明渡しを求めるしかないことになります。このとき、自治体は、入居者との間で取り決めた期間が経過したからといって明渡しを求めることはできません。期間の満了時に、自治体に、その建物（部屋）の明渡しを求める「正当な事由」（借地借家法第 28 条）が必要となります。この「正当な事由」とは、例えば、自治体が自ら建物を利用するということや、入居者が高額所得者で住宅を必要としていないということですが、いずれの事情もありませんので、自治体は明渡しを求めることができないと考えられます。

COLUMN

借上復興住宅
「追い出し」判決の問題点

水野　入居の際に、借上期間が来たときの転居を説明されていないにもかかわらず、残念ながら2018年10月に入居者を追い出す内容の第1審判決が出ました。問題点について、入居者の弁護団の事務局長の吉田維一弁護士に聞いてみました。

水野　今回の判決の問題点を法律的な点から指摘するとどのような点でしょうか。

吉田　図のように、借上復興住宅というのは、公営住宅法の「借上げ公営住宅制度」を復興住宅に利用したものです。

事前通知あり

入居　　借上期間（20年）　　期間満了

公営住宅法25条2項
事業主体の長は、借上げに係る公営住宅の入居者を決定したときは、当該入居者に対し、当該公営住宅の借上げの期間の満了時に当該公営住宅を明け渡さなければならない旨を通知しなければならない。

20年後の転居は困る！

困るなら入居しないでください

一般の復興住宅へ

水野　そうですね。

吉田　また、一般の公営住宅と同様に、借上公営住宅に入居した方は、入居してから借上期間が到来するまでの間、他の公営住宅に転居することは原則としてできません。

水野　借上復興住宅の場合、入居してしまうとよっぽどのことがない限り、20年近くその場所で住み続けることが決まっているんですよね。

吉田　そして、借上期間が到来すると、法文上は、入居した方は、転居しなければならない仕組みになっています。水野先生はこの点に制限を加える見解ですが、あくまで法文上は……。

水野　そうなっていますね。だから、「20年後の転居は困る」という方が、そもそも、借上公営住宅に入居しなくても済む制度になっていないといけませんよね。

　　　「今後20年近くこの場所で生活し、その後転居する生活を選びますか、選ぶか、選ばないか」という『人生の選択』を公営住宅法25条2項の「入居決定時の事前通知制度」によって行っているんだと考えています。

吉田　私もそのように考えています。

　　　ところが、今度の判決は、「事前通知がなくても追い出し可能」としています。その理由は、神戸市の採用した「85歳以上、要介護3以上、重度障害」という保護が必要な入居者には、継続入居できるように「配慮」がされていたということでした。

水野　分かりやすくいうと、事前通知は要らないけれど、後で、一部の入居者には配慮しているからいい、ということですよね。図にするとこんな感じでしょうか。

事前通知なし

入居 ────借上期間（20年）───▶ 期間満了

20年後の転居が
必要とは
聞いていない！

聞いていないのなら **配慮** します

「85歳以上、要介護3以上、
重度障害」該当者は継続入居

該当しないので転居してください

そんなこと
法律に書いてない！

吉田　でも、公営住宅法には、85歳は保護しないといけないとか、
　　　要介護2の人は転居させて良いとか、書いていないのですよね。

水野　事前通知をしていなくても、「84歳以下、要介護2以下、中
　　　度・軽度障害」の入居者は追い出しても良い、とも書いていない
　　　んですよね。

吉田　借上復興住宅の問題が、住宅に関する権利の問題にとどまら
　　　ず、自分の知らないところで、自分の人生が決められてしまった
　　　「人権」の問題であるという点について、もっとアピールしてい
　　　きたいと思います。

水野　裁判所は、住宅に困窮していた当時の被災者が、何も知らさ
　　　れずに「自分の将来、人生」を決められてしまったという不条理
　　　をよく考えなければならないと思います。

公営住宅法は、もともと、健康で文化的な生活を保障するため
にあるのですし、誰でも自分の生活をどうするのか選ぶことがで
きるのが、この国の当たり前のルールであり、人権なのですから。

吉田　水野先生にいただいた意見書を活かせるように、控訴審では
さらにがんばっていきたいと思います。

epilogue

　この本を手に取ってくださり、ありがとうございます。読んでいただき、被災者「追い出し」はとんでもないということを感じていただけたのではないかと思います。しかし裁判官は、「確かに、住み慣れた住宅からの移転によって高齢者の健康に影響が生じるおそれ自体は否定でき」(2018年10月17日、Yyさん神戸地裁判決)ないとしつつも、「転居先の候補として挙がっている公営住宅からの通院にも大きな支障があるとは認められない(同上)」、「仮に転居後の控訴人の生活が、本件部屋における生活と全く同じようにはいかないとしても、転居により控訴人が健康を害するおそれが高いとは直ちにいえない」(2018年10月12日、Nさん大阪高裁判決)と、井口克郎准教授の意見書(68ページ参照)を判決に反映していません。Yyさん地裁判決も、Nさん高裁判決も、近くにある公営住宅を転居先として希望することができたと、完全予約制で神戸市の配慮は十分であるとしています。しかし、完全予約制は、転居先の市営住宅を複数予約しなければならず、複数予約して初めて、予約した住宅のいずれかに空室が出るまでは(最長5年間)、移転を猶予するというものです。そのため、判決が指摘する近くの住宅に必ず入居できる保証はないのです。

　Yyさんは入居許可書に借上期間の項目がなく、Nさんは、入居者本人が記載する欄である借上期間の年月日を、入居10日前に職

員が説明なく書いているケースであり、事前通知がされているとは言えません。このように借上復興住宅入居者は、入居決定時に、借上期間満了時に明け渡さなければならないと知らされておらず、神戸市も事前に通知ができていなかったと認めています。それなのに借上復興住宅入居者の存在が財政負担になっているかのように過大に公表し（20ページ参照）、転居してくれた人がいるとの公平性論で、とても転居が困難な入居者が悪いかのように言い、一人ひとりの生活に向き合わずに追い出しを進めています。

　私はできるだけ裁判を傍聴し、集会にも参加してきました。何の非もないのに被告席に座らされている入居者のみなさんが、より体調を崩されやすくなっているのは、見ていて本当につらいです。市長や裁判官には入居者や私たちの気持ちがなかなか届きませんが、できることはしようと思い、チラシを作成したり、2冊目の出版をしたりしています。

　震災から24年経ってもこのような状態にあることが悲しいですが、この本が少しでも多くの人にとって、借上復興住宅問題、日本の住宅政策について考えるきっかけのひとつになれば幸いです。

　最後になりましたが、執筆に協力してくださった9人のみなさま、兵庫県震災復興研究センターのみなさま、イラストを描いてくださった寺田浩晃さん、借上復興住宅弁護団事務局長の吉田維一弁護士、クリエイツかもがわの田島英二さん、伊藤愛さん、本当にありがとうございました。同時に本書は「ひょうご安全の日推進事業」の助成を受けました。ここに記して感謝を申し上げます。

プロフィール

著者　市川英恵　Ichikawa Hanae

1993 年姫路市生まれ。2014 年度神戸大学灘地域活動センター（N.A.C.）代表。
2016 年神戸大学発達科学部人間環境学科卒業。著書に『22 歳が見た、聞いた、考えた「被災者ニーズ」と「居住の権利」』（2017 年、クリエイツかもがわ）。

編者　兵庫県震災復興研究センター　http://www.shinsaiken.jp/

阪神・淡路大震災（1995 年 1 月 17 日）の直後の大混乱の中で、いち早く被災者の暮らしの復旧、被災地の復興を目標として、日本科学者会議兵庫支部と兵庫県労働運動総合研究所が共同で個人補償の実施を中心内容とした「震災復興のための提言」を 1 月 29 日に国と被災自治体に提出しました。そして、この 2 つの研究機関を母体に 1995 年 4 月 22 日、兵庫県震災復興研究センター（震災研究センター）を設立しました。

それから 24 年、震災研究センターは、被災地と被災者の状況を直視し「みんなできりひらこう震災復興」を合言葉に、調査・研究、政策提言（60 数本）を重ねるとともに、全国各地の関心のある人々への継続的な情報発信（機関誌『震災研究センター』発行）を続けています。

2001 年 4 月から会員制に移行し、現在会員は全国に約 100 人。

マンガ・イラスト　寺田浩晃　Terada Hiroaki

1995 年磐田市生まれ。2014 年大阪芸術大学キャラクター造形学科入学。東北支援をした際、いっしょに東北へ行ったメンバーの 1 人が著者の友人だったというつながりから、イラストを担当。第 19 回新世代サンデー賞佳作受賞。

住むこと 生きること 追い出すこと
9人に聞く借上復興住宅

2019年1月17日 初版発行

著　者　©市川英恵
編　者　兵庫県震災復興研究センター
発行者　田島英二
発行所　株式会社クリエイツかもがわ
〒601-8382 京都市南区吉祥院石原上川原町21
電話 075(661)5741　　FAX 075(693)6605
ホームページ　http://www.creates-k.co.jp
メール　info@creates-k.co.jp
郵便振替 00990-7-150584

装　丁　菅田　亮
印刷所　モリモト印刷株式会社
ISBN978-4-86342-250-6 C0036　printed in japan

阪神・淡路大震災の経験と教訓から学ぶ
塩崎賢明・西川榮一・出口俊一　兵庫県震災復興研究センター／編

大震災 15 年と復興の備え
● "復興災害" を繰り返さない
生活・経済基盤、人とのつながりを回復させる「人間復興」と今後の備えを提言。　1200 円

世界と日本の災害復興ガイド
● 行政・学校・企業の防災担当者必携　2000 円

災害復興ガイド　日本と世界の経験に学ぶ
● 復旧・復興の有用な情報満載。　2000 円

大震災 10 年と災害列島
● あらゆる角度から災害への備えるべき課題を網羅。　2200 円

大震災 100 の教訓
● 大震災の教訓は生かされているか。　2200 円

LESSONS FROM THE GREAT HANSHIN EARTHQUAKE
〈英語版〉大震災 100 の教訓　1800 円

震災復興関連書

● 阪神・淡路大震災の経験と記憶を語り継ぐ
被災地での生活と医療と看護　避けられる死をなくすために
兵庫県保険医協会／協会　芦屋支部／編著　1500 円

● 大地震・大火・戦争・テロ・暴動など大災害の回復過程から考える！
リジリエント・シティ　現代都市はいかに災害から回復するのか？
ローレンス・J・ベイル　トーマス・J・カンパネラ／編著　山崎義人・田中正人・田口太郎・室崎千重／訳
東日本大震災の復興、大地震、大災害からの備えに大きな示唆を与える。　2400 円

● 災害復興の使命・任務は、目の前の被災者を救うこと！
災害復興とそのミッション 復興と憲法　片山善博・津久井進／著　2200 円

マンション再生　二つの " 老い " への挑戦　1600 円
建物の「経年劣化」と居住者の「高齢化」、2つの " 老い " への対応が再生のカギ。「住み続ける」「リニューアル」「参加する」のマンション再生 3 原則と住み続けるための支援の充実を提起。

UR 団地の公的な再生と活用
高齢者と子育て居住支援をミッションに　2000 円
都市再生機構民営化の危機に対して、これまでの役割や問題点を拾い出しながら、高齢者・子育ての居住支援を重点に、地域社会づくりに活用するしくみを提起。

＊本体価格表示

震災復興・原発震災提言シリーズ

地域・自治体の復興行財政・経済社会の課題　**8**
東日本大震災・岩手の軌跡から

桒田但馬／著　　　　　　　　　　　　　　　　　　　　　2800 円

「経済成長型・惨事便乗型の創造復興」ではなく、「人間（住民）・地域本位の復興」を重視。

巨大災害と医療・社会保障を考える　**7**
阪神・淡路大震災、東日本大震災、津波、原発震災の経験から

兵庫県保険医協会／編

避けられる死をなくすために。大震災、津波、原発震災の経験と記憶を語り継ぐ。　　1800 円

大震災 20 年と復興災害　**6**
塩崎賢明・西川榮一・出口俊一　兵庫県震災復興研究センター／編

● 復興に名を借りた新たな開発事業は「復興災害」である

多様なニーズを捉え、的確に対応できる「復興の仕組みづくり」こそが必要。　　　2200 円

士業・専門家の災害復興支援　**5**
1・17 の経験、3・11 の取り組み、南海等への備え

阪神・淡路まちづくり支援機構付属研究会／編

1・17 の経験、3・11 支援の取り組みから、予測される巨大地震・災害に備える！　2200 円

東日本大震災 復興の正義と倫理　**4**
検証と提言 50

塩崎賢明・西川榮一・出口俊一　兵庫県震災復興研究センター／編

復興プロセスに正義や為政者に倫理があるのかを鋭く問う！　　　　　　　　　　2200 円

「災害救助法」徹底活用　**3**
津久井進・出口俊一・永井幸寿・田中健一／著　兵庫県震災復興研究センター／編

災害救助法を徹底的、最大限に活用して災害に直面した人々のいのちと生活を守る！

2000 円

ワンパック専門家相談隊、東日本被災地を行く　**2**
士業・学者による復興支援の手引き

阪神・淡路まちづくり支援機構付属研究会／編

災害支援・復興まちづくりの専門家ネットワーク（支援機構）を全国各地に！　　1000 円

東日本大震災　復興への道　**1**
神戸からの提言

塩崎賢明・西川榮一・出口俊一　兵庫県震災復興研究センター／編

長引く東日本の「震災復興」「原発震災」におくる提言。　　　　　　　　　　　1800 円

＊本体価格表示

市川英恵●著
兵庫県震災復興研究センター●編
A5判104頁　1200円+税

「被災者のニーズ」と「居住の権利」

22歳が見た、聞いた、考えた

借上復興住宅・問題

阪神・淡路大震災当時1歳。震災？　関係ない？　そんなことない！

　阪神・淡路大震災から22年たっても解決されていない、20年の期限をめぐる借上復興住宅問題。ボランティア活動での入居者との出会いをきっかけに、被災者の声に耳をかたむけ、支援制度、コミュニティづくりなどを知っていく。震災を覚えていない世代が、自分たちのことばで、阪神・淡路大震災の復興に迫る。